国家自然科学基金重点项目（71333006）
"现代农业科技发展创新体系研究"

中央高校基本科研业务费专项基金项目
"基于创新能力提升的农业高校教师科研评价机制与管理政策研究"

华中农业大学农林经济管理一流学科建设经费资助

中国农业科技
自主创新管理体制研究

Zhongguo Nongye Keji
Zizhu Chuangxin Guanli Tizhi Yanjiu

王宏杰　张俊飚　著

人民出版社

序

新中国成立之后，尤其是改革开放以来，科技创新工作得到了党和政府的高度重视。1978 年 3 月，中共中央在北京隆重召开了全国科学大会，邓小平同志发表讲话并提出了"科学技术是生产力"的重要论断。1995 年 5 月，又召开了全国科学技术大会，发布了《中共中央、国务院关于加速科学技术进步的决定》，明确提出了实施科教兴国的重大战略。2016 年 5 月 30 日，习近平总书记出席全国科技创新大会、两院院士大会、中国科学技术协会第九次全国代表大会并发表重要讲话，对中国科技创新提出了新的要求，指出"实现'两个一百年'奋斗目标，实现中华民族伟大复兴的中国梦，必须坚持走中国特色自主创新道路，面向世界科技前沿、面向经济主战场、面向国家重大需求，加快各领域科技创新，掌握全球科技竞争先机。"

为了加快推动科技进步和科学技术快速发展，自 20 世纪 80 年代以来，中国政府不断加大对科研项目和科研平台等方面的条件建设，经费投入不断增加，资助强度不断加大，体制机制改革不断完善。1986 年，国务院批准成立国家自然科学基金委员会，确立了"支持基础研究，坚持自由探索，发挥导向作用"的战略定位，并投入了大量资金，从 1986 年的 0.8 亿元增长到 2016 年的 268.03 亿元，对推动我国基础研究事业发展发挥了重要作用；1984 年，启动实施了国家重点实验室计划，数量从 1984 年的 10 个增加到 2016 年的 262 个，经费也在不断增长，仅与 2007 年相比，就翻了一番多，从 16 亿元增加到 36 亿元。随着投入的大幅增加，研究成果的产出数量和质量也在不断提升。国外主要检索工具收录的中国论文总数量从 1995 年的 2.6 万篇增加到 2015 年的 55.7 万篇，20 年间增长了 20.42 倍；SCI 收录论文数量排名从 1995 年的第 15 位上升到 2008 年的第 2 位并一直保持这一纪录；工程索引收录论文数量排名从 1995 年第 7 位上升到 2007 年的第 1 位并一直保持该位置。与此同时，论文被引次数不断增长。SCI 收录的中国科技论文被引次数从 2001—2010 年 10 年段的 361.05 万次增加到 2006—2015 年 10 年段的 1424.90 万次，几乎实现了翻两番；发明专利申请的受理数量从 1995 年的 2.2 万件增加到了 2016 年的 133.9 万件，年均增长 21.6%；授权数量同期也从 0.3 万件增加到 40.4 万件，年均增长 26.8%。

虽然我国科技创新发展取得了前所未有的巨大成就，但与创新能力较高的发达国家相比，依然存在着不少问题，尤其表现为具有原创性的成果产出水平较低。以最具表征性的论文引用率指标为例，2005 年 1 月至 2015 年 4 月，中国基本科学指标数据库论文被引用总次数为 1490 万次，远低于美国的 6314 万次；单篇论文引用率中国为 8.55 次／篇，而瑞士为 19.47 次／篇、丹麦为 18.44 次／篇、荷兰为 18.37 次／篇、苏格兰为 17.77 次／篇、美国为 17.12 次／篇、英格兰为 17.07 次／篇，均为我国的两倍之多。这种状况充分说明了提高我国创新能力，实现科技强国的战略目标仍任重道远。

在农业领域，由于观念、体制机制以及行业特点等方面的原因，农业科技创新所遇到的挑战与困难更加严峻。科技经费投入少、科技创新能力低和积极性不高以及成果转化应用程度不够，成为农业科技发展长期以来的真实写照，也由此导致了农业发展短板的形成，影响了农业现代化与工业化、信息化和城镇化的协调发展。

为了进一步提升农业科技创新能力，改进和完善现行农业科技管理体制势在必行。为此，在国家自然科学基金重点项目和中央高校基本科研业务费专项基金的资助下，围绕"中国农业科技自主创新管理体制"这一问题，从政府主导型科技创新政策下的原始性创新、集成创新和引进消化吸收再创新三个维度，系统分析了我国农业科技自主创新的管理体制问题，梳理并集结形成了《中国农业科技自主创新管理体制研究》的理论成果。研究中，对于原始创新问题，通过对我国原始创新投入与创新产出相关性的分析，厘清了影响农业科技原始创新能力的系列因素，据此提出了适合中国国情的原始创新管理政策；对于集成创新问题，以武汉市为例，实证分析了农业企业集成创新能力水平，研判了阻碍农业企业集成创新能力提高的相关因素，并就此提出了农业企业集成创新的发展思路、目标与对策；对于引进消化吸收再创新问题，在对我国农业科技引进创新相关政策进行梳理的基础上，利用有序 Probit 模型分析了中国农业科技与发达国家存在的差距，以及中国农业科技引进消化吸收再创新管理中存在的主要问题，据此提出了政策改进的对策建议。

研究成果的边际贡献主要体现有以下三个方面：一是提出了"构建农业科技评价的信誉机制与约束机制。"在利用成本—收益理论对科技评价中评价主体行为失范的原因进行分析的基础上，认为既定制度安排的缺陷是导致评价者行为失范的主要原因。为此，构建农业科技评价的信誉机制与约束机制，对规范农业科技评价主体的评价行为具有重要的促进作用。二是提出了"中国与发达国家农业科技差距的时间区间距离"。运用有序 Probit 模型和相关的调查资料,对中国农业科技与发达国家的差距进行了计量分析,测算了相互之间的时间距离区间。这对中国进一步加强农业技术引进消化吸收再创新工作具有重要的参考价值。三是提出了"农业科技制度变迁应从强制性制度变迁向强制性制度变迁和诱致性制度变迁相结合方向转变"的观点。基于对过去科技制度变迁历程的分析和未来市场导向下的科技变迁内驱力的判断,认为政府的宏观目标与经济主体的微观目标相结合,将成为农业科技制度变迁必须考虑的重要内容。为此,在制度设计的导向上,必须采取"强制性制度变迁和诱致性制度变迁相结合"的政策思路。

本书旨在利用新制度经济学、管理学、公共政策学等理论来分析中国农业科技自主创新管理体制中存在的主要问题,并据此提出可行的政策建议,希望能为中国农业科技创新的理论及政策研究,尤其是为政府在制定农业科技创新政策方面,能够提供一定的理论依据与政策参考。

张俊飚

2018 年 12 月 16 日

目 录

导　论

　　中国是一个拥有 13 亿多人口的农业大国，作为国民经济基础的农业，其发展不仅直接影响占中国人口绝大多数的农民的经济利益，而且关系到整体国民经济的良好发展。为此，由农业而衍生出来的农村与农民问题，并由此而构成的"三农"问题，长期困扰着各级政府。如何推进农业发展、提高农业效益、增加农民收入、繁荣农村经济，成为中国必须面对和解决的重大问题。而在"科学技术是第一生产力"的基本理念指导下，唯有强化科技创新和依靠科技进步，才能最终顺利解决上述问题。

一、研究背景

　　分析农业科技创新所处的时代背景有利于更好地制定符合时代特征的农业科技创新政策。因此，对背景的了解和分析必须全面、系统、深入和客观。

　　（一）农业科技自主创新的作用日趋重要

　　早在 2006 年 2 月，国务院就颁布了《国家中长期科学和技术发展规划纲要（2006—2020 年）》（以下简称《纲要》），明确提出中国今后 15 年科技工作的"十六字"指导方针，即自主创新、重点跨越、支撑发展、引领未来。在"十六字"方针中，明确定位了各自的内涵和意义。所谓"自主创新"，就是从增强国家创新能力出发，加强原始创新、集成创新和引进消化吸收再创新。所谓"重点跨越"，就是坚持有所为、有所不为，选择具有一定基础和优势、关系国计民生和国家安全的关键领域，集中力量、重点突破，实现跨越式发展。所谓"支撑发展"，就是从现实的紧迫需求出发，着力突破重大关键、共性技术，支撑经济社会的持续协调发展。所谓"引领未来"，就是着眼长远，超前部署前沿技术和基础研究，创造新的市场需求，培育新兴产业，引领未来经济社会的发展。这种相互关联和层次递进的指导方针，清晰地表达了国家在今后科技领域工作的基本思想。

《纲要》将自主创新作为指导方针之一，高度显示了自主创新在中国未来科技工作中的重要性和核心地位。在此基础上，围绕自主创新问题，明确提出了国家科学技术发展的未来目标。要求到2020年，中国科学技术发展的自主创新能力显著增强，科技促进经济社会发展和保障国家安全的能力显著增强，为全面建设小康社会提供强有力的支撑；基础科学和前沿技术研究综合实力显著增强，取得一批在世界具有重大影响的科学技术成果，进入创新型国家行列，为中国在21世纪中叶成为世界科技强国奠定基础。要经过15年的努力，使中国农业科技整体实力进入世界前列，促进农业综合生产能力提高，有效保障国家食物安全。

基于《纲要》的指导性，作为农业大国和必须确保食物安全的考虑，农业科技自主创新必然成为农业科技工作者未来需要致力于重点研究和努力探索的重要领域，也成为农业科技管理体制改革中必须注意的一个重要方面。

（二）农业科技创新的宏观环境日益改善

国家创新体系的概念最早起源于克旦斯托夫·弗里曼（Christophe Freeman，1987），他指出，"国家创新体系是指公共和民营领域中，那些从事新技术发明、输入、传播机构的网络"。这个概念随后被经济合作与发展组织（Organisation for Economic Co-operation and Development，OECD）正式接受。1996年，经济合作与发展组织在深入研究的基础上，对国家创新体系赋予了更加深层次的含义，提出"国家创新体系是公共和私人部门中的机构网络，这些部门的活动和相互作用决定着一个国家扩散知识和技术的能力，并影响着国家的创新业绩。"在这一概念的指导下，经济合作与发展组织对其组织内的十几个成员国的国家创新体系进行了比较研究，并随后发表了《国家创新体系》的研究报告，该报告成为国际上在国家创新体系研究领域里最具有权威性的研究成果。

中国的国家创新体系研究开始于20世纪90年代中期。多西（G.Dosi，1992）首次将国家创新体系概念引入中国。1997年年底，中国科学院向中央提交了《迎接知识经济时代，建设国家创新体系》的研究报告，1998年9月，中国科学院、中国社会科学院联合召开了"面向知识经济的国家创新体系"研讨会，并在此基础上编辑出版了《知识经济与国家创新体系》，该著作对中国建设国家创新体系进行了详细论述。1999年8月，中共中央和国务院共同发布了《关于加强技术创新，发展高科技，实现产业化的决定》，并组织召开了"全国技术创新大会"，在这次会议上，国家将完善和发展国家创新体系当作一项长期战略任务明确地提了出来。2016年，中共中央、国务院印发了《国家创新驱动发展战略纲要》，指出了中国国家创新发展战略的三大目标：一是到 2020 年，中国要进入创新型国家行列，基本建成中国特色国家创新体系；二是到 2030 年，中国要跻身创新型国家前列，国家创新体系更加完备；三是到 2050 年，中国要建成世界科技创新强国，成为世界主要科学中心和创新高地。自主创新被提到了前所未有的重要地位。毫无疑问，这一重要核心地位的确立，为农业科技创新的开展奠定了良好的宏观基础。

（三）农业科技创新的方向日趋清晰

农业科技创新能力是支撑农业可持续发展的重要保障。为此，2005 年的中央 1 号文件《中共中央国务院关于进一步加强农村工作提高农业综合生产能力若干政策的意见》，明确提出要运用多种方式，尤其是要通过大幅度增加对农业科研事业的投入，加快建立以政府为主导、社会力量广泛参与的多元化农业科研投入体系，形成稳定的投入增长机制，不断增强农业科技创新能力。文件还强调指出既要不断提高国家科技投入用于农业科研的比重，有关重大科技项目和攻关计划要较大幅度增加农业科研投资的规模，也要引入其他主体，尤其是对易于实现市场化的技术，要充分调动企业的积极性，焕发他们的投入热情，以增强农业科技投入的总体强度。同时，将深化农业科研体制改革作为加快推进农业科技创新的重要方略，抓紧建立国家农业科技创新体系，搞好农业基础研究和关键技术的研究开发，加快生物技术和信息技术等高新技术的研究。当时，为了配合国家创新体系建设，中国工程院院士卢良恕等专家向温家宝同志呈报了《关于抓紧建立国家农业科技创新体系的建设》的报告，各相关高等农林院校的专家、校长也随之呈报了《关于科学建设"国家农业科技创新体系"的几点建议的报告》。在这种背景下，高层决策者开始着手于国家农业科技创新体系建设框架的研究，在广泛征求意见的基础上，初步形成了"国家农业科技创新体系建设框架"，该框架的构建为中国农业科技创新工程的全面推进指明了方向。《"十三五"农业农村科技创新专项规划》（以下简称《规划》）进一步明确了今后农业科技创新体系建设的目标和任务，该《规划》指出，到 2020 年，要建成创新主体协同互动和创新要素顺畅流动高效配置的国家农业科技创新体系，使得农业科技创新体系的效能显著提升。

（四）农业科技自主创新的需求日趋强烈

新中国成立初期，为了促进经济快速发展并赶超发达国家，中国采取了优先发展重工业建设的战略，但是由于重工业属于资本密集型产业，与当时国内的资本极度缺乏的现实相矛盾，不符合中国的比较优势，因此这种重工业优先发展的战略没有达到预期的目的。有鉴于此，以林毅夫（2005）为代表的一些著名的经济学家建议转变国家发展战略，他们认为产业结构和技术结构总体水平的升级都是经济发展过程中要素禀赋结构发生变化的结果，因此，资本严重缺乏的国家要优先发展资本密集型产业的话，都是将有限的资本配置到少数几个产业上，这样一来，为了扶持这少数几个企业能够成长，政府就必须要通过保护政策予以扶持，而扶持的结果就造成了价格的扭曲，即便企业在政府的扶持下成长起来但却是不具备竞争力的，与此同时，那些得不到扶持的产业也会因为资本的缺乏而难以形成真正的市场竞争力。由此导致整个国家的经济没有竞争力，综合国力难以提高。林毅夫（1999）指出，一个国家真正的经济发展不是建立在少数几个资本密集型产业快速发展基础上的，而是有赖于所有产业的资本密集程度的提高，而要达到这个目标，只能通过提高要素禀赋结构来实现。随着要素禀赋结构水平的提高，这个国家的资本会变得相对丰富而便宜，劳动力就会变得相对稀缺而昂贵，就会带来整体产业结构和技术水平的自然升级。这种观点与中国的基本情况和目前发展战略的调整，即全面解决"三农"问题，增强对农业的支持和对农村发展的要素输入，在一定程度上是吻合的。而劳动力资源相对丰裕，资本要素相对稀缺，这在经济全球化的背景下，进入国际市场的比较优势在于劳动密集型产业。在此背景下，政府提出的农业科技自主创新发展战略是符合中国比较优势选择的。

二、研究目的与意义

（一）研究目的

理论知识是指导实践工作的重要工具，实践只有在理论的指导下，才能具有效率和少走弯路。研究农业科技自主创新管理体制，是为了对中国农业科技创新工作快速推进提供一定的理论指导。尤其是在目前农业科技自主创新工作具有极为重要的作用的情况下，开展对农业科技创新管理体制的研究意义重大。本书旨在利用新制度经济学、管理学等的相关理论来分析中国农业科技自主创新管理体制中存在的问题，并据此提出可行的政策建议，从而为中国农业科技创新的理论及政策研究，尤其是为政府提供制定科技创新政策理论依据的高水平科研成果。

（二）研究意义

1.农业科技自主创新研究是完善国家农业科技创新体系的需要

1999 年 8 月，中国召开了全国技术创新大会，该次会议将完善和发展国家创新体系当作一项长期的战略任务提了出来。在党的十六大报告中，也把加强国家创新体系建设与经济发展并列起来。国家农业科技创新体系是国家创新体系的重要组成部分，该体系是由国家农业知识创新平台、农业技术创新平台、农业科技成果转化平台为主导的网络体系，负责全国公益性重大农业科学研究、技术开发与试验推广活动。其核心组成部分是国家农业科技创新中心、国家农业科技创新区域中心和国家农业科技试验站。《"十三五"农业科技发展规划》指出，2050 年之前，中国农业科技体系发展的战略目标是：到 2020 年，农业科技创新整体实力进入世界先进行列，中国特色的农业科技创新体系得到优化；到 2030 年，农业科技创新整体实力进入世界前列，部分关键领域居世界领先水平，若干领域引领全球农业科技发展；到 2050 年，建成世界农业科技创新强国，引领世界农业科技发展潮流，对全球农业科学发展作出重大原创性贡献，为中国成为世界农业强国提供强大支撑。显然，这样一个比较完善的农业科技创新体系的逐步建立，对支撑中国农业科研事业的发展具有重大意义。然而，目前中国农业科技创新储备不足，还难以完全满足现代农业发展的需要。只有加强农业科技自主创新管理体制研究，提高农业科技自主创新能力，才能推进国家农业科技创新体系建设进程，也才能使之落于实处。

2. 农业科技自主创新研究是确保食物安全、生态安全与农民增收的需要

随着生活水平的不断提高，人们对食物需求和质量不断提高，作为一个农业大国，中国农业自然资源极度稀缺，耕地资源的持续减少、水资源的日益短缺，又为上述问题的解决增加了极大的困难。中国灌溉水和耕地资源严重短缺，按现在的灌溉水和耕地的生产力水平，中国每年农业灌溉用水缺口 300 亿立方米，按现在的用水效率估算，到

2030 年中国农业和粮食生产实际耗水需求还将增加 900 亿立方米；[①] 中国耕地资源的形势严峻，按进口农产品折算，全国耕地资源缺口高达 7 亿亩。[②] 在这些压力下，保障中国粮食安全和生态环境改善并同时确保农民收入增加，才能实现小康社会建设目标。而要缓解这些压力，增强农业综合发展能力，根本的出路在于科技进步，可以说，科技进步是农业发展的决定性因素，而良好的科技管理体制是科技进步的助推器，因此，进行农业科技自主创新研究将为中国更好地解决食物安全、生态安全与农民增收问题提供最基本的理论保障。

3. 农业科技自主创新研究是实施乡村振兴战略的内在需要

2005 年 10 月，党的十六届五中全会审议通过了《中共中央关于制定国民经济和社会发展第十一个五年规划的建议》，明确提出了"建设社会主义新农村是中国现代化进程中的重大历史任务"。2005 年 12 月，中共中央国务院颁布了《关于推进社会主义新农村建设的若干意见》（以下简称《意见》），并在 2006 年以中央 1 号文件形式下发。该《意见》明确指出，各级党委和政府要始终将"三农"工作放在重中之重，切实把建设社会主义新农村的各项任务落到实处，加快农村全面小康和现代化建设步伐。党的十九大报告和 2018 年中央 1 号文件（《中共中央国务院关于实施乡村振兴战略的意见》）进一步强调指出，"三农"问题是关系国计民生的根本性问题，是全党工作的重中之重。要坚持农业农村优先发展，按照产业兴旺、生态宜居、乡风文明、治理有效、生活富裕的总要求，建立健全城乡融合发展体制机制和政策体系，加

---

① 农业部：《节水农业技术成为我国稳粮增收关键措施》，2012 年 11 月 26 日，见 http://www.gov.cn/gzdt/2012–11/26/content_2275334.htm。

② 庞无忌：《国土部专家：中国耕地资源缺口达 7 亿亩》，2016 年 10 月 13 日，见 http://energy.people.com.cn/n1/2016/1013/c71661-28777100.html。

快推进农业农村现代化。同时指出，实施乡村全面振兴战略，亟须提高农业创新能力，为此，要加快国家农业科技创新体系建设，提升农业科技自主创新能力。

由新农村建设、乡村振兴发展战略的主要内容看，农业生产发展是乡村全面振兴和进一步发展的物质基础，而农业发展的终极目标是农业的现代化，这就需要较高的物质技术装备水平、较高技能的人力资源、较高的土地利用能力和生态保护能力。显然，这些方面的满足必须依赖于科技的不断发展。为此，要大力提高农业科技创新能力和科技成果转化能力，推进传统农业向现代农业的顺利转换，从而为乡村振兴和小康目标的实现提供强大的科技支撑。由此可见，研究农业科技自主创新，探讨农业科技发展，对中国乡村的全面振兴具有重大的现实意义。

4. 农业科技自主创新管理体制研究是充分发挥创新主体积极性的需要

研究农业科技自主创新管理体制的意义众多，但最终都可归结为一点，即为了更好地调动创新主体开展科技创新工作的积极性和主动性。农业科技自主创新管理体制是农业科技政策领域的一项重要制度安排，农业科技自主创新管理体制改革属于正式的制度变迁。由于正式制度的执行效果常常取决于行为主体的利益需要，即如果制度是根据行为主体的现实需要制定的，符合其利益需求，则该项制度的执行效果必定比较理想。中国在农业科技领域，由于受原有计划管理体制影响比较深刻，因此长期以来都是政府作为农业科技政策制定和执行的主体，即农业科技管理体制改革一直是以强制推进的方式进行的，因此执行的效果并不能满足制度制定的初衷，尤其是随着自主创新目标的提出，原有科技管理体制已较难适应新的形势需要，强制性制度变迁也难以满足调动多个科技创新主体工作积极性的现实需要。在这种情况下，如果一味采用强制性变迁方式进行管理体制的改革，则势必不利于发挥创新主体创新潜力的发挥。因此，研究农业科技自主创新管理体制改进的方式，探寻更加科学合理的管理体制，对于充分发挥创新主体的积极性具有重大意义。

三、国内外研究动态

作为农业科技管理研究的一个重要领域，对于农业科技自主创新的研究，国内外已有不少专家从不同侧面进行了比较深入的探讨，如关于创新的研究、关于原始创新的研究、关于集成创新的研究、关于引进创新的研究等均有学者思考并发表了相应的成果，积累了一定的文献资料。这些前人的研究成果和他们的思想观点，对本书的写作提供了很好的指导意义和借鉴价值。

（一）自主创新的内涵及其演变

对于自主创新内涵的探索必须向前延伸和追溯到关于创新的概念界定问题。最早提出"创新"概念一词的是约瑟夫·熊彼特（Joseph A. Schumpeter），在《经济发展理论》一书中，他首次提出了创新的概念并赋予了相应的内涵，同时将概念迁移到对经济发展的分析之中，论证了创新在经济发展过程中所具有的重大作用。熊彼特提出，创新是生产手段的新组合，"生产意味着把我们所能支配的原材料和力量组合起来"，这样意义下的创新概念包括以下五种情况：采用一种新的产品——也就是消费者还不熟悉的产品——或一种产品的一种新的特性；采用一种新的生产方法，也就是在有关的制造部门中尚未通过经验鉴定的方法，这种新的方法不需要建立在科学上新发现的基础之上，并且也可以存在于商业上处理一种产品的新的方式之中；开辟一个新的市场，也就是有关国家的某一制造部门以前不曾进入的市场，不管这个市场以前是否存在过；掠取或控制原材料或半制成品的一种新的供应来源，也不问这种来源是已存在的，还是第一次创造出来的；实现任何一种工业的新的组织，比如造成一种垄断地位，或打破一种垄断地位。其后，斯蒂芬·P. 罗宾斯博士（Stephen P. Robbins，1996）从管理学的角度提出了创新的内涵。他认为，创新（Innovation）是指形成一个创造性思想并将其转换为有用的产品、服务或作业方法的过程，即富有创新力的组织能够不断地将创造性思想转变为某种有用的结果。创新不同于创造，创造 (Creativity) 是指以独特的方式综合各种思想或在各种思想之间建立起独特的联系的一种能力，并认为能激发创造力的组织，可以不断地开发出做事的新方式以及解决问题的新方法。斯蒂芬·P. 罗宾斯博士认为，有三类因素可用来激发组织的创新力，即组织的结构、文化和人力资源实践。他根据大量的研究，总结出有关结构因素对创新作用的三个结论：有机式结构对创新有正面的影响；拥有富足的资源能为创新提供另一重要的基石；单位间密切的沟通有利于克服创新的潜在障碍。他还认为富有创新力的组织，通常具有某种共同的文化。充满创新精神的组织文化通常具有的特征为：接受模棱两可；容忍不切实际；外部控制少；接受风险；容忍冲突；注重结果甚于手段；强调开放系统。在人力资源这一类因素中，有创造力的组织积极地对其员工开展培训和发展，以使其保持知识的更新，并同时为员工提供较高的工作保障，以鼓励员工成为革新能手。

在既有创新概念的基础上，结合现实国情，中国学者进一步提出了中国特色的创新概念——自主创新的概念，由于在不同阶段对于自主创新的认识不同，所以自主创新的含义从最初到现在也得到了不断地完善和发展。

创新的不同阶段论。在最初使用自主创新的概念时，其含义是与模仿创新相对应的。杨德林和陈春宝（1997）指出，自主创新与模仿创新是两个相对的概念，模仿创新是指企业通过模仿率先创新者的创新构想和创新行为，吸收率先创新者成功的经验和失败的教训，购买或破译率先创新者的技术秘密，并在此基础上改进完善，进一步开发，在工艺设计、质量控制、成本控制等创新环节的中后期阶段投入主要力量，生产出在性能、质量等方面富有竞争力的产品，与其他企业进行竞争，以此确立自己的市场竞争地位，获取经济利益的一种创新活动。与模仿创新相对，自主创新是指企业主要通过自身努力，攻破技术难关，形成有价值的研究开发成果，并在此基础上依靠自身的能力推动创新的后续环节完成技术成果的商品化、获取商业利润的创新活动。赵晓庆和许庆瑞（2002）提出，发展中国家技术能力演变的三个阶段，即仿制阶段、创造性模仿阶段和自主创新阶段。在仿制阶段，主要熟练使用已经成熟的生产设备、通过干中学掌握生产过程中的技术和生产管理技能；在创造性模仿阶段，企业开始根据本地的特性，对产品和工艺进行调整和改进，或进一步对产品作为一个系统进行重新设计；在自主创新阶段，企业开始建立自己独特的核心技术能力和独立的技术平台，形成完善的创新组织与广泛的创新网络，赵晓庆和许庆瑞认为，在该阶段，技术能力四要素中人员技能、技术组织与管理和外部技术网络都要达到较高的水平。

创新的不同模式论。刘洪涛和汪应洛（1999）按照技术来源于国内还是国外，将创新的模式分为自主创新与引进创新两种模式，指出自主创新是指主要依靠国内的研究力量实现的创新，引进创新是将国外已经实现的创新加以改进或模仿引入国内。杨忠泰（1999）则按照企业技术创新的不同方式，将创新分为二次创新、自主创新和合作创新三种模式，其中，二次创新是指企业直接引进购买国外或国内先进的核心技术和装备，在此基础上改进完善，并进行再次创新。二次创新一般包括引进、消化、吸收三个阶段；自主创新相对于二次创新是一种激进型技术创新，是指在无其他企业技术引导的条件下，企业家在获取技术和市场创新机会后，果断作出决策，依靠企业自身力量独立研究开发，攻破技术难关，获得新的有开发价值的技术成果，并完成技术成果的商品化过程，直至占领或垄断市场；合作创新是指合作双方或多方在共同利益的基础上资源结合完成技术创新。张宗庆（1999）则认为，技术创新的方式主要有自主创新与合作创新两类，其中，合作创新是指企业之间或企业、科技机构、高等院校之间在共同利益的基础上因资源共享或互补所发生的联合经济技术行为；而关于自主创新的认识则与杨德林和陈春宝（1997）的理解基本上是一致的，但他进一步提出了自主创新可以是率先创新，也可以是模仿创新的观点，张宗庆认为，区别于合作创新意义上的自主创新，既可以是企业核心技术的自主创新，也可以是外国技术与配套技术的自主创新。刘苏燕（2000）根据技术创新源与技术创新体（将产生新技术的单位和个人称为技术创新源，将实施技术创新的单位称为技术创新体）的关系不同，将技术创新分为三种基本的模式，即自主型技术创新模式、合作型技术创新模式和转移型技术创新模式，这里提到的自主创新模式是技术创新源与技术创新体合一的创新模式，包括学术机构自主创新和企业自主创新两种具体模式。学术机构自主创新是科研部门和高等学校这两类以学术研究为主的社会机构直接将其基础研究和应用研究所得到的科技成果进行技术开发、中间试验、设计生产，并投放市场。企业自主创新是企业自己建立科研机构和技术中心，通过自身的研究取得研究成果后，将科技成果投入本企业的生产体系中，转化为现实的生产力，从而实现技术创新。

在创新主题不断发展的背景下，关于自主创新的内涵有了进一步的拓展。杜谦（2001）指出，科技自主创新的概念有两层含义，一是来源于自主的研究开发基础上的创新，二是来源于引进技术基础上的自主创新。

中国科学技术部副部长尚勇在2005年2月17日科技部组织的"科技界要加强科技自主创新座谈会"上指出，科技自主创新包括三方面的含义：一是原始性创新，在科学技术领域努力获得更多科学发现和技术发明；二是集成创新，使各种相关技术成果融合汇聚，形成具有市场竞争力的产品和产业；三是在广泛吸收全球科学成果、积极引进国外先进技术的基础上，充分进行消化吸收和再创新。至此，关于自主创新的内涵得到了一致的认可，对于自主创新的相关争论也终于落下了帷幕。

（二）原始创新的内涵演变与评价指标体系

1. 原始性创新的内涵演变

原始创新是科技创新的基本内容，属于科技创新的核心成分。对原始创新的不同理解，会影响到原始创新的效率。对此，不同的学者从不同的角度给出了自己的观点。杨宁（2001）认为，"原始创新是指在机理、规律、现象和新技术方面的首次发现及发明，这些首次发现及发明在推动人类进步方面蕴含着巨大的潜力并经得起历史的考验。"吴海江（2002）指出，原始性创新就是向科学共同体贡献出以前从未出现过甚至连名称都没有的东西。指出原始性研究成果一般在当时背景下很难看出其应用价值，但它为今后的科学和技术的发展提供知识储备。原始性研究，是科学研究活动的灵魂，是科学技术进步的最根本的原动力。原始性科学理论往往能引起科学技术领域一系列的重大发现、发明，可能导致科学观念的变革和科学方法论的飞跃，也是培养和造就科技人才的摇篮，它代表着一个国家的真正科学技术实力。于绥贞（2003）则在吴海江关于原始创新内涵的基础上，进一步强调指出，原始创新的第一原则，即必须是首次提出，遵循自然科学内在的发展规律，没有现成的研究思路与成果可以借鉴。与此同时，王亮（2005）也提出了自己的观点，认为"科技原创性成果就是创新，但不是一般层面上的创新，原创意味着是首次对某科学理论的重大发现或对某高新技术的重大发明"。他强调了"原始性创新成果一般体现出首创性、突破性、前沿性以及引导性等特征"，并对这四个特征的含义进行了进一步的解释。这些不同的观点和相互具有差异的理解，对相关研究人员进一步扩展研究思路，正确理解原始创新的相关特征具有重要的意义。

2. 原始性创新的评价指标

判断科学技术的创新性必须具有相应的判断指标。为此，构建相对完善的评价指标体系就成为科学技术创新研究中的重要方面。一些学者在这一方面进行了初步的探讨。杨宁（2001）简单提到了诺贝尔奖是原始创新的第一指标，三大检索（SCI、EI、ISTP）为原始创新的第二指标。邹承鲁（2002）指出，原始性创新的客观指标有两条，一是在国际权威的刊物上发表论文，二是发表的论文确实能引起别人的注意，有人引用，有人发展。陈雅兰（2004）进一步将原始性创新成果的表现形式归纳为基础研究领域和应用基础研究领域的表现形式，在基础研究领域中的形式主要是被世界权威检索系统（SCI）所收录以及国家自然科学奖；在应用基础研究领域中的形式主要是国家发明奖、国家科技进步奖、发明专利以及技术秘密。另外还有涵盖基础研究和应用基础研究领域的诺贝尔科学奖。王亮（2005）根据科技原创力主要影响因素，首次构建了较为完整的包含 4 个一级指标、13 个二级指标、36 个可获取具体指标的三级指标的科技原创力评价指标体系。这些评价指标或者指标体系，对于研究人员在客观判断科学技术是否属于原始创新或者原始创新所达到的程度上，具有重要的指导价值。

3. 原始性创新的现实状况与未来指向

原始性创新能力薄弱是中国科技发展过程中所存在的重要问题，而造成这种不足的原因虽然是多方面的，但是在主导或者本质原因上，学者之间却存在着不同的看法。吴海江（2002）认为，中国原始性创新能力还比较弱，还缺少领导世界科学潮流、开拓全新领域的一流成果和世界一流的大科学家，其根本原因在于中国"在科学积累上处于弱势"。即在整个社会的积累、科学传统的积累、学术思想的积累、个人经历的积累以及"知识遗传"的积累等方面尚未完成，这意味着原始创新的前提和基础还未完全确立。李喜先（2002）则指出，中国实现原始创新的主要障碍是"缺乏创新的文化环境"，包括政治环境、政策环境、自由探讨的学术环境，从而导致缺乏求真唯实精神、质疑精神，特别是原始的、大胆的创新精神。

基于对这些问题的思考和原因的求解，一些学者便试图给出解决问题的对策，以便指出未来中国科技创新工作与环境营造所需要注意的基本内容。一是营造原始创新的研究环境。刘羽等（2004）在分析由中国科学院南京地质古生物研究所陈均远教授、云南大学侯先光教授和西北大学舒德干教授共同完成的某一成果获得国家自然科学一等奖的内在原因后，认为良好的研究环境营造是该项成果取得的关键因素，因此，必须积极营造具有竞争性的研究环境，鼓励不同学术观点、不同学术思路的科学家，从各自不同的角度自由探索、交流、碰撞，营造一种健康、积极的竞争研究环境，这样才能对原始创新形成激励与碰撞并最终在知识的积累中取得发展和发现。二是重视人才培养。人才是创新的灵魂，培养具有创新意识和创新能力的人才是实现科技创新的关键环节。对此，孙海涛（2005）提出了自己的思想，认为必须通过"建立科学的人才评价机制与健全的学术制度；积极营造学风民主、学术自由的学术研究环境；构建多元化的人才培养模式及科学的人才管理机制；改革高校课程设置体系，加强科学教育与人文教育的相互渗透融合；改革传统教学模式，构建适应科技人才原始创新能力培养的现代教学模式"等五个方面的努力，来确保创新型人才的不断产出。三是要有宽容的精神。于绥贞（2003）提出，原始创新研究是一项风险很大的事业，因此，更多的宽容有利于孕育和催生更多的创新成果。宽容主要包括同行之间的相互宽容和科研组织与管理部门对科研人员的宽容。四是建立创新思想。李喜先（2002）指出，解决中国缺乏原始创新的问题，必须在高级领导层、决策层上，从创新文化、创新战略高度上有新的认识和新的觉醒，形成一种创新思想运动，才可以解决。这些观点的形成和积累，对于分析和思考如何增强中国原始创新能力建设时，具有重要的借鉴和启发价值。

（三）集成创新的相关研究

1.集成创新的内涵演进与完善

从管理学的角度来说，集成是指一种创造性的融合过程，即在各要素的结合过程中，注入创造性思维。也就是说，要素仅仅是一般性地结合在一起，并不能成为集成，只有当要素经过主动的优化、选择搭配，相互之间以最合理的结构形式结合在一起，形成一个由适宜要素组成的，相互优势互补、匹配的有机体时，这样的过程才称之为集成。从技术的角度看，美国学者马可·伊恩斯蒂（Macro Iansiti，1997）认为，"通过组织过程把好的资源、工具和解决问题的方法进行应用称为技术集成"。从本质上讲，集成是将两个或两个以上的要素或者单元集合成一个有机整体的过程或行为结果。除了聚合之意，集成更值得重视的是其演进和创新的含义。集成强调人的主动行为和集成后的功能倍增性与适应进化性，这无疑是构造系统的一种理念，同时也是解决复杂系统问题和提高系统整体功能的方法。

20世纪70年代以后，迪隆、多西、厄特巴克等人探讨了企业组织、决策行为、学习能力、营销以及内外因素相互作用对企业创新的影响，指出提高企业技术创新成果的关键在于合理协调上述各种要素的匹配关系，发挥协同作用。弗里曼则在更广的范围开展了技术、组织、制度、管理文化的综合性创新研究，认为技术创新在经济学意义上包括"新产品、新过程、新系统和新装备等形式在内的技术向商业化实现的首次转化"。纳尔逊和温特基于技术创新活动中知识演进和组织能力之间关系的分析，提出了创新系统演进的观点，认为技术创新过程的集成促进了各种资源要素优势互补的有机整体。

近年来，中国关于集成创新的研究也取得了一定的进展。杨林村和杨擎（2002）从知识产权的角度给出了自己对集成创新问题的个人理解，即指"将已有公知技术、已有知识产权和部分创新技术，系统化地组合成一个新的具有创造性的技术方案的技术研究开发行为"。同时还归纳出了集成创新所存在的系列特点，即涉及多种技术来源、多种权利状态和多个主体。金军和邹锐（2002）提出，集成创新是创新行为主体采用系统工程的理论和方法，以提供特别优点的方式，将创新要素经过主动的优化、选择搭配，相互之间以最合理的结构形式结合在一起，形成一个由适宜要素组成的、相互优势互补、匹配的有机体，从而使有机体的整体功能发生质的跃变的一种自主创新过程。陈向东等（2002）指出，集成创新的重点应是在融合多种现有技术资源而形成新的竞争优势。集成创新的根本点在于融合，而不是多类技术资源的简单叠加，同时强调集成过程而非被集成的原始技术资源，客观上即表现为对已有技术资源的融合，借以与原创性技术资源为核心的创新活动相区别。在前人研究的基础上，结合目前的科技管理体制，张保明（2002）认为广义的集成创新更具有现实意义。为此，他所提出的集成创新是一种能够把由经费变成知识和知识变成效益的两个过程有机地结合在一起的机制。同时指出，集成创新中的集成，是与知识创新全过程匹配的集成，是通过体制创新使参与知识创新的各要素能集合为一个利益主体的集成。即不仅是指不同学科和技术领域的研究成果的集成，而是在更广泛意义上的集成，也就是一种集"研究开发、人才教育、知识转移"为一体的集成。李文博和郑文哲（2004）指出，集成创新是指创新的融合，是技术融合的进一步延伸。这种融合通过把企业创新生命周期不同阶段、流程以及不同创新主体的创新能力、创新实践、创新流程和竞争力集成在一起，从而形成能够产生新的核心竞争力的创新方式；集成创新涉及技术、知识、战略、组织层面，区别于单一的技术集成、知识集成、战略集成和组织集成。认为集成创新是创新主体将创新要素（技术、战略、知识、组织等）优化、整合，相互之间以最合理的结构形式结合在一起，形成具有功能倍增性和适应进化性的有机整体，组织通过学习为商业创新和竞争优势创建一个管理秩序。实践证明，任何层次的创新，都不应当仅仅是分配资源，更主要的是按照既定的目标，组织和集成资源，否则，许多技术和成果就无法实现它应有的价值。

2. 集成创新的要素

慕玲和路风（2003）指出，集成创新的前提是从技术应用的关联环境出发，形成产品概念，以开放的产品建构来选择和整合各种技术，开发出在市场上具有竞争优势的产品。在中国，集成创新一般存在五个要素。其一是必须根据本土市场的需求结构特点产生或形成自主的产品概念。自主产品概念的意义在于从战略上摆脱对外国产品设计和技术方案的盲从，使中国企业主动根据本土市场需求结构的特点来定义产品的形成特性，从而选择相应的技术开发出具有竞争力的产品。其二是企业在产品层次上进行技术学习并掌握相应的建构技术能力。其三是中国企业以掌握核心技术为导向的技术能力提升。其四是以市场为导向的开发程序跨部门、多学科的开发团队等。其五是中国政府对基础研究和上游工业发展的支持、对国家创新体系的建设和推行标准和知识产权战略。这些要素的提出，不仅根基于集成创新的内在特点，而且将中国的基本国情进行了充分的考虑，使之更具有个性和更符合中国的实际情况。

（四）引进消化吸收再创新的相关研究

技术扩散理论说明，任何一种技术的应用都有一个渐进推进的过程，也存在着一定的梯度规律，即从技术源区向技术受区传播。达龙·阿西莫格鲁和法布里奇奥·齐利博蒂（Daron Acemoglu and Fabrizio Zilibotti，1999）指出，由于发展中国家所利用的前沿技术都是由发达国家发明的，且发达国家发明的技术是与其要素禀赋（熟练劳动力与非熟练劳动力的比率）相匹配的，因此，熟练劳动力相对较少的发展中国家就不能与发达国家一样有效地利用前沿技术。这样，发展中国家与发达国家就会出现较大的生产力和人均收入之间的差距。达龙·阿西莫格鲁、菲利普·阿吉翁和法布里奇奥·齐利博蒂（Daron Acemoglu, Philippe Aghion and Fabrizio Zilibotti，2002）进一步指出，由于与世界前沿技术相差甚远，所以发展中国家的最优选择是模仿发达国家的现行技术。如果发展中国家首先模仿发达国家的现行技术，而后进行创新发明，那么发展中国家就有可能向发达国家收敛。在他们研究的基础上，林毅夫（2002）进一步研究了一个发展中国家在这个可借鉴的技术集中应该模仿、引进哪种技术，也就是发展战略对技术选择、知识吸收能力和模仿成本的影响。其研究结果表明，如果一个发展中国家的市场容量越大，那么这一发展中国家就越有可能实现向发达国家的经济收敛；如果技术引进的收益较低，那么发展中国家很难实现向发达国家的收敛，其经济增长率小于发达国家的经济增长率。有鉴于此，林毅夫提出对于中国这样一个具有庞大市场规模的发展中国家，当遵循比较优势发展战略时，通过引进发达国家的技术，是非常容易实现向发达国家的经济收敛的。

（五）文献分析

虽然前人从各个角度已经开展了对自主创新问题的研究，但是仔细分析，则不难发现研究存在着日益深化和不断拓展的基本规律。本书通过"维普中文期刊服务平台"，以"自主创新"为题名或关键词进行检索，截至2017年4月26日，共查到了46252条记录。[①]2000年以前，

---

① "维普中文期刊服务平台"，2017年4月26日，见 http://qikan.cqvip.com/subject/report.aspx?id=3584614&from=subject_subject。

自主创新方面的文章每年都没有超过 100 篇，有的年份甚至没有 1 篇
相关文章发表，而 2000 年以后，情况发生了极大的变化，发表的论文
数量由 2001 年的 114 篇急剧增长到 2005 年的 2080 篇，2006 年更是达
到了 9019 篇，由此可见，中国各界对于自主创新的关注程度与日俱增。
但 2007 年之后，与自主创新相关的论文发表数量呈现下降趋势，2016
年仅发表相关论文 1534 篇（见图 0-1），中国各界对于自主创新的关注
程度呈现下降趋势。这些学者的研究开拓了作者的视野，为更好地开
展本书的系统研究奠定了基础，但是关于科技尤其是农业科技自主创
新管理体制如何改进的研究还有待进一步系统、全面与规范。

单位：篇

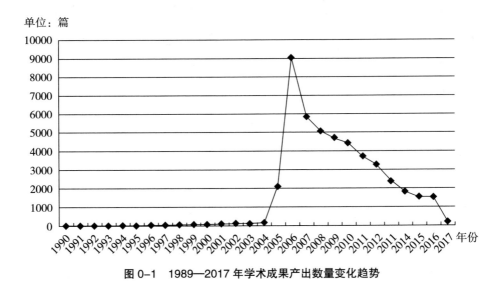

图 0-1　1989—2017 年学术成果产出数量变化趋势

四、研究思路与研究方法

（一）研究思路

新中国成立近 70 年，由于受到原有计划管理体制的影响比较深
刻，中国一直是政府作为农业科技政策制定和执行的主体，因而农业

科技制度的变迁是一种强制性的变迁方式。虽然强制性制度变迁是适应当时的历史情况而采纳的一种制度变迁方式，并且这种变迁方式也确实对当时中国农业的快速发展作出了巨大的贡献。但是，时至今日，时过境迁，中国面临的国际国内发展环境发生了重大改变，为了适应现实国情，中国在科技领域提出了自主创新的发展理念和目标，在此目标的指导下，科技政策也应进行相应的调整。在农业科技自主创新的三个方面，即原始创新、集成创新、引进消化吸收再创新，其主体不再仅限于政府，因此随着科技自主创新工作的逐步推进，仅靠政府强制性制度变迁来推动科技工作难以产生非常理想的效果。有鉴于此，最理想的方式应是充分利用强制性制度变迁与诱致性制度变迁的长处，规避其不足之处，从而更好地促进科技事业的发展。

为了将研究思路更清晰地显示出来，特将研究思路用技术路线图表示如下（见图 0-2）。

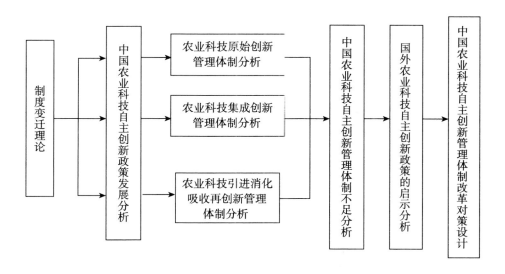

图 0-2 技术路线图

（二）研究方法

本书根据研究的需要，在研究过程中采用了多种研究方法，最主要采用了以下四种分析方法：

比较研究方法：将中国与发达国家原始创新的情况进行比较，得出中国面临的形势是不容乐观的。

案例分析方法：分别选取华中农业大学科技创新管理和双汇集团科技创新情况进行案例分析。这对总结和归纳现实中的科技创新并将之提升到理论高度进行认识，具有重要的意义。

计量分析方法：运用有序 Probit 模型对中国农业科技与发达国家存在的差距进行分析，并进一步找出这种差距存在的原因；采用显示比较优势指数法对中国农产品国际竞争力进行分析，从而得出中国农业企业集成创新能力比较低下的结论。

交叉研究方法：从新制度经济学的角度对农业科技自主创新管理体制进行研究，属于社会科学研究范畴。但本书同时紧密结合农业科学研究前沿，需要相应的自然科学知识予以支撑，因而，在某种程度上，属于跨学科的领域研究。

五、创新之处及需要进一步解决的问题

（一）创新点

通过系统深入的研究分析，本书在以下方面的研究具有一定新意，具体体现在三个方面：

第一，提出了"构建农业科技评价的信誉机制与约束机制"。在利用成本—收益理论对科技评价中评价主体行为失范的原因进行分析的基础上，认为既定制度安排的缺陷是导致评价者行为失范的主要原因。

为此，构建农业科技评价的信誉机制与约束机制，对规范农业科技评价主体的行为具有重要的作用。

第二，提出了"中国与发达国家农业科技差距的时间区间距离"。运用有序 Probit 模型和相关的调查资料，对中国农业科技与发达国家的差距进行计量分析，测算了相互之间的时间距离区间。这对中国进一步加强农业技术引进消化吸收再创新工作具有重要的参考价值。

第三，提出了"农业科技制度变迁应从强制性制度变迁向强制性制度变迁和诱致性制度变迁相结合方向转变"的观点。基于对过去科技制度变迁历程的分析和未来市场导向下的技术变迁内驱力的判断，认为政府的宏观目标与经济主体的微观目标相结合，将成为农业科技制度变迁必须考虑的重要内容。为此，在制度设计的导向上，必须采取"强制性制度变迁和诱致性制度变迁相结合"，这对中国农业科技管理体制改革方向的设计具有重要的指导作用。

（二）需要进一步解决的问题

本书主要有三个方面存在着明显不足，需要通过进一步深入研究加以完善。

一是通过实地问卷调查，对武汉市主要农业龙头企业进行了问卷调查，共获得了 29 个有效样本，这些样本虽然能够在一定程度上描述武汉市农业龙头企业的集成创新情况，但是调查的样本数量较少，且仅是武汉市一个地区的情况，鉴于中国东、中、西部经济条件差距较大，农业企业之间也存在着很大的差距，因此这些调查数据对于全国而言不具备代表性，在文中主要用作案例分析。今后研究需要进一步扩大调查区域，增加样本的数量。

二是由于认识上存在局限性，因此对于自主创新评价指标分析工作难免存在偏差。随着认识的不断深入，对于原始创新、集成创新、引进消化吸收再创新的分析指标将会有所调整，因此，根据科技发展需要进一步找出自主创新的其他重要影响因素和评价指标是今后研究所需要努力的方向。

三是对农业科技管理体制的研究有待进一步深入。

第一章　中国农业科技自主创新管理体制发展概述

第一节　中国农业科技政策的发展轨迹

新中国成立以后特别是改革开放以来，在国家科技发展宏观政策的支持下，中国农业科技的创新与进步速度不断加快，对农业与农村经济发展的推动作用日益显著。为了总结其中的成功经验，进一步梳理中国农业科技自主创新的管理体制及运行轨迹，对更为科学地制定今后的发展政策，无疑具有重要意义。本章将在提出四个阶段的基础上，对新中国成立近70年中国农业科技自主创新管理体制的演变轨迹进行深入分析，总结和反思多年来农业科技促进农业发展的内在规律，为今后农业科技管理体制的改革提供可资借鉴的依据。

一、新中国农业科技政策形成阶段（1949—1957 年）

1949 年前，中国的科技资源短缺，农业科学研究发展落后。1927—1948 年的二十多年中，总共培养农林科学研究事业的大学毕业生 1 万多人。1949 年新中国成立时，只有中央农业实验所和东北、华北两个农事试验场，以及部分省、区的农业试验场等农业科研机构，机构中的科研仪器设备相当落后，科研经费非常短缺，科研力量薄弱，全部职工总数仅为 1638 人，其中，从事科学研究工作的只有 427 人。[①]科技资源的缺乏严重制约了科学研究事业的发展，科技发展较为落后。因此，新中国成立之初，政府就非常重视农业科技事业的发展。

（一）高度重视农业科学研究事业

新中国成立后，面对百废待兴和解决人们温饱问题的压力，政府对农业发展提出了较高的要求，由此而使得对农业科学研究事业给予高度重视，并极大地推进了农业技术的引进和现代农业新技术的推广与应用。1950 年 8 月 27 日，《人民日报》发表了《有组织有计划地开展人民科学工作》的社论，社论明确提出了人民科学的方向，指出新中国的科学工作应该成为群众性的事业，应该把科学理论与群众的经验结合起来，把专家的智慧与群众的智慧结合起来，把科研工作与群众生产工作结合起来。因此，科学界正确的努力方向是"为国家建设服务，为人民大众服务"。1954 年 3 月，中共中央对中国科学院党组《关于目前科学院工作的基本情况和今后工作任务给中央的报告》做了批示。其中强调了"要把中国建设成为生产高度发达、文化高度繁荣的社会主义国家，一定要有自然科学和社会科学的发展。在国家有计划的经济建设已经开始的时候，必须大力发展自然科学，以促进生产技术的不断进步，并帮助全面了解和更有效地利用自然资源。中国科学基础薄弱，而科研干部的生产和科研经验的积累，都需要相当长的时期，必须发奋努力，急起直追，否则就会由于科学落后而阻碍国家建设事业的发展"。这充分地反映了中央对农业科学事业的高度重视。

---

① 张宝文主编：《新阶段中国农业科技发展战略研究》，中国农业出版社 2004 年版，第 4 页。

（二）提出理论与实际相结合的指导思想

新中国成立之初，中国农业科技政策指导思想是科学研究要与生产实践相结合，科学技术要为工农业生产和国防建设服务。在该方针指导下，科研院所强调科学研究工作要与农业生产实际密切配合，纠正科研人员脱离现实的研究方式，鼓励科学家从狭隘的自由研究的小圈子里走出来，走向工厂、深入农村，为国家经济建设作出贡献。1951年，中央又制定了强化科技理论与实践相结合的政策，强调科学院要与各部门科研机构加强联系，即科学院除了要满足国家对科学研究和尖端技术的需要外，同时还要指导全国经济部门的技术活动。具体包括各部门专业会议与科研有关者，应邀请科学院派专人参加，并将主要内容尽早通知科学院；各部门科研机构在制订科研计划时，应与科学院联系，科学院尽量在业务上给予指导和帮助；科学院还应注意有系统地宣传中外科研成果并建议各部门选择采用；同时，系统调查各生产部门对科研的需要，并力求使自己与全国科研人员的工作计划适应这些需要。这就从政策上保证了科研能够联系实际，配合国家各项建设，对国民经济的恢复和发展起到了推动作用。可以说，这一政策在当时取得了很大的成功。

在农业科技方面，农业科技人员深入农村，总结生产经验，进行农业技术改造和防治病虫害研究，较大程度地提高了农作物产量。如在土壤研究方面，土壤科学工作者结合开荒、兴修水利和地区开发，对三江平原、江汉平原、黄淮海平原、黄土高原、内蒙古、新疆、青海等地进行了大量的土壤调查和综合考察，为这些地区的土地开发利用和综合治理提供了重要的科学依据。[①]在农业自然资源调查和农业区

---

① 张宝文主编：《新阶段中国农业科技发展战略研究》，中国农业出版社2004年版，第20页。

划方面，各省（自治区）开始和开展了农业区划工作，1955 年研究提出了"中国农业区划初步意见"，并对农业区划理论和方法进行了研究，编写出了《中国农业区划方法论研究》。[①]在农业气象学研究方面，20 世纪 50 年代，从整理史书入手，开展了二十四节气和古代物候的研究；在农业气象灾害与防治技术方面，对华南橡胶防寒措施进行了系统观测调查，找出了宜林区，为橡胶种植区推向北纬 18° 以北地区提供了重要依据。在农业小气候与环境工程研究方面，开展了农田灌溉小气候效应、农田蒸散和水热平衡理论方法研究等。[②]总之，经过一段时期的发展，中国农业取得了突飞猛进的发展。以良种繁育和大面积推广为例，1949 年中国的水稻、小麦、棉花等主要农作物的良种覆盖面积为 1000 万亩，仅占当时农作物播种面积的万分之六左右，到 1957 年全国良种播种面积就增加到了 12.2 亿亩，这个数字占当年农作物播种面积的比率提高到了 52%。1959 年全国主要农作物的良种基本普及，良种覆盖率达 80% 以上。[③]

（三）高度重视引进国外先进技术

新中国成立初期，中国科学技术发展基础薄弱，因此，学习和引进国外技术便自然成为中国实现快速发展的重要方式之一。20 世纪 50 年代初期，中央提出科研机构要吸收国际先进的科学经验，从事有计划的科学技术研究，能够尽快赶上国际科学技术水平。并强调"无论共产党内、共产党外、老干部、新干部、技术人员、知识分子以及工人群众和农民群众，都必须诚心诚意地向苏联学习。我们不仅要学习马克思、恩格斯、列宁、斯大林的理论，而且要学习苏联先进的科学

---

① 张宝文主编：《新阶段中国农业科技发展战略研究》，中国农业出版社 2004 年版，第 40 页。
② 张宝文主编：《新阶段中国农业科技发展战略研究》，中国农业出版社 2004 年版，第 36 页。
③ 张森福：《中国农业技术变迁：理论与政策》，《农业经济问题》1990 年第 7 期。

技术"。① 从 1954 年《中苏科学技术合作协定》签订起，中国与苏联科学界开始进行科研交流、问题咨询、合作研究、互相参加科学会议和互派科学家讲学。后来根据国内建设需要，中国又派出几千名留学生到苏联留学，为中国经济发展培养了大批高校教师和工农业、科研部门高水平的管理人才。

二、农业科技政策曲折发展阶段（1958—1977 年）

这一段时期，由于各种各样的原因，中国执行的科技政策所造成的后果，从整体上看，可以说是弊大于利，教训多于经验。对这一阶段的农业科技政策进行分析，有利于相关管理人员从中进行更多的反思。

（一）偏离了理论指导实践的客观规律

这一阶段提出"全国大办科学事业，全民学习科学技术"，号召科技工作要紧密联系实际，注意与群众相结合。在这些号召的指引下，不少研究机构打破了传统观念，广泛吸收具有工农业生产实际经验的农民、工人和技术革新者等充实到科研队伍中，后来又将一直从事科研工作的研究人员派到生产实地去补充实践知识。这样注重实际在当时确实解决了一些生产中遇到的难题，并取得了一些科研成果。但同时期，有一种观点则否定科学研究需要专业的科研队伍以及科学研究需要通过科学实验进行研究的客观规律，不看重原始创新性的研究工作，认为科学研究的主体应为生产第一线的工人和农民，宣扬要开门办科学和用群众运动方式推动科技发展。提出社会主义的农业科学实验，必须以广大农民为主体，以贫下中农为主力军，对自然界进行革

---

① 社论：《认真学习苏联的先进科学成果》，《科学通报》1953 年第 5 期。

命，要改掉以往少数人从事科学研究的历史，尽可能吸收更多的工农群众参加到科学研究工作中来。在这种思想的影响下，全国建立起很多以农民为主体的农业科学研究队伍。很多科研单位也不得不放弃了以前的研究课题，走向农业生产第一线，减少甚至取消了实验室的科学研究。后来，撤销了科研管理部门，解散了科研机构和高等院校，遣散科研人员，导致了农业科学研究机构和高等院校数目锐减。原农林口各部所属的 62 个科研机构和 13963 名职工，合并成立中国农林科学院，暂定编制 620 人，组成 35 个科技服务组（队）接受再教育。① 这种拆散专业研究机构的做法很快影响到全国，许多省（区）都仿效相继撤销了农业科学院的建制，使得在 20 世纪 50 年代刚刚建立起来的科研体制和体系被削弱了，给农业科技发展造成了相当大的影响。

由于当时强调科研工作要紧密联系实际，科研工作要与群众结合而忽视了理论知识对于实际生产的指导意义以及专业知识、科学知识是在长期学习过程中需要积累才能形成的客观规律，从而延误了科技创新工作及时开展，导致科技事业尤其是基础研究和原始创新性的研究发展缓慢甚至停滞。

（二）盲目排外的科技赶超政策

一个国家在科技水平比较落后的时期要赶超世界先进水平，首先需要的就是学习和了解国外先进的科技知识，在此基础上才能谈得上赶超和创新。然而，这一时期提出的科技赶超政策却否定了学习外国先进科学技术的做法，盲目将学习外国科技看作是"洋奴哲学""爬行主义"，主张通过自力更生来实现科技赶超目标。在这一政策的指导下，中国几乎终止了一切学习国外先进科学技术的渠道，不但停止了

---

① 张宝文主编：《新阶段中国农业科技发展战略研究》，中国农业出版社 2004 年版，第 7 页。

对国外先进科技设备和技术的引进工作，而且停止了科研人员的相互交流活动等，这个政策的执行对原本就薄弱的微观农业科学研究工作无异于雪上加霜，对科技事业造成了不可估量的损失。

（三）星星散散的科研工作仍有所推进

尽管这一时期科技发展艰难，但仍有具有远见卓识的国家领导人力排歧义，在艰难的环境中支持科研人员积极开展科技工作，在他们的支持与保护下，一些科学家仍在坚守农业科技事业发展的前沿阵地，使得一些科研项目能够在艰难的条件下继续进行，并产生了一些重大成果。如以农业科学家袁隆平为首的"水稻雄性不育"科研小组全心致力于杂交水稻的研制工作，在 1973 年培育成功籼性杂交水稻，并继续攻克优势关和制种关，同时推广应用于生产实际。1975 年，杂交制种亩产超过百斤大关，为中国杂交水稻科学技术走在世界最前列奠定了良好的基础。[1]

总体而言，这一时期大力提倡科学研究要联系生产实践，在农村普遍建立农业科学实验网，但是，科研人员一般只能总结群众的实践经验，未能深入地开展科学研究，因此真正的科研成果很少。与此同时，农业企业集成创新能力严重不足。尤其在原始创新研究方面，基本上处于停顿状态。这一时期，中国与世界在科技方面的差距进一步拉大了。

三、农业科技政策恢复与发展阶段（1978—2000 年）

随着"文化大革命"的结束，中国科学技术研究事业也逐步走出了"文化大革命"时期的阴影，逐渐步入了正确和正常的轨道，中央先后

---

[1] 崔禄春：《建国以来中国共产党科技政策研究》，华夏出版社 2002 年版，第 82 页。

出台并制定了适应改革时代要求的科技管理体制，对推动农业科技快速发展起到了良好的作用。

（一）高度肯定科学研究与科技工作的重要性

1978 年 3 月，中共中央在北京隆重召开了全国科学大会，这次大会的主要目的就是动员全党全国重视科学技术，制订发展规划，表彰先进典型，研究加速发展科学技术的措施。会议不仅高度肯定了科学技术在生产发展中的重要作用，而且全面动员全体科技工作者和全国人民要向科学技术现代化进军，为广大科技工作者增强信心和鼓舞士气产生了重要作用。与此同时，大会还提出了农业、工业、国防和科学技术现代化的四个现代化概念，并强调了科学技术现代化在"四个现代化"中居于关键地位，指出现代科学技术是建设现代农业、现代工业、现代国防的前提条件，如果没有科学技术的高速发展，国民经济实力也就难以得到快速提升。全国科学大会的胜利召开，为科技工作者带来了科学的春天，带来了生机并注入了活力，充分地调动了科技工作者进行科学研究的积极性与主动性。

（二）实施激励科技人员积极性的科技政策

科研人员的积极性对确保科研工作正常进行具有重要作用。为了加快推进中国农业科技的快速发展，增强科研人员的积极性，必须制定有效的鼓励和激发科技人员积极性的管理体制。为此，在改革开放正在稳步推进的 1983 年 12 月，国务院批准了关于知识分子政策的六条意见：一是应该鼓励科技人员努力学习掌握世界现代科技新成就，自然科学技术是没有阶级性的，不要把当代人类创造的新成就当作异端邪说和资产阶级的糖衣炮弹；二是在自然科学和社会科学之间，正在出现许多新的边缘学科，不应当害怕接触，或者不加分析地全盘否定或全盘肯定；三是在讨论科技方面重大决策和论证技术经济可行性时，应当鼓励科技人员解放思想，畅所欲言，展开讨论，不能把与领导意见不同说成是"同党不保持一致"；四是在科技政策和管理方面，要进行国内外经验的比较研究，不能因为社会制度不同就拒绝研究和借鉴；五是对自然科学领域的学术思想要提倡自由组合等试验，不要把这些说成是"资产阶级自由化"；六是在研究过程中出现不同意见，进行探索试验中有的不完全成功甚至不成功，对马克思主义理论的运用能力也各有差异，都是不可避免的，应当在"双百"方针指导下，进行同志式的讨论，在自然科学和技术工作中不要提精神污染。1985 年，中共中央宣布，到 1987 年党的十三大以前，必须全面完成和落实党的知识分子政策的任务。这些政策的出台，充分反映了党对知识分子和科研人员在中国科技事业发展中的地位和作用的高度肯定，并运用积极有效的措施来激励和发掘他们的潜力，以实现中国科技事业的快速发展。

（三）注重科学研究与经济发展需要相结合

随着改革之初中国经济的快速发展，以简单生产要素投入所带来的经济增长的潜力越来越小。而要改变这一状况，实现经济的进一步发展，追加新的要素并使之与经济需要相结合便成为必然。为此，在 20 世纪 80 年代末，党中央提出了"国民经济发展必须依靠科学技术，科学技术工作必须为发展国民经济服务"的指导思想。针对当时科技与经济脱节的问题，政府提出要把科学技术的作用切实发挥出来，使它真正成为提高经济效益、促进经济发展的巨大力量，必须把经济、社会发展计划和科技发展计划结合起来，科技要与经济、社会协调发展，要把促进经济发展作为科技发展的首要任务；着重加强生产技术的研究，正确选择技术，形成合理的技术结构；必须加强工农业生产第一线的技术开发和科技成果推广工作；保证基础研究在稳定的基础上逐步有所发展；把学习、消化、吸收国外科技成果，作为发展中国科学技术的重要途径。要研究开发一批新兴技术并建立相应的产业，为科技与经济长远发展开拓新路；妥善安排国家重点建设项目的前期科研工作和重大技术及现有骨干企业的技术改造；做好重大技术引进的消化吸收和重要技术成果的评议推广；抓好一批重点基础研究项目，为科技现代化增加储备、积累力量。这些政策要求，不仅深刻地阐述了科学技术与经济发展之间的关系，而且在一定程度上为中国科技创新的未来演进与发展方向指明了道路，尤其重要的是对未来奋斗的目标和需要完成的任务进行了战略性的部署。

（四）进一步强化科技的重要地位

1978 年全国科学大会召开之后，科技工作人员工作的积极性不断地被激发出来，随之而来的是科学技术极大程度地推动了经济发展。为了再次树立科学技术发展的战略地位，1995 年 5 月，中央召开了第二次全国科技大会，发布了《中共中央、国务院关于加速科学技术进步的决定》（以下简称《决定》），明确提出了实施科教兴国战略。这一战略主要是要全面落实科学技术是第一生产力的思想，坚持教育为本，把科技和教育摆在经济、社会发展的重要位置，增强国家的科技实力及向现实生产力转化的能力，提高全民族的科技文化素质，把经济建设转移到依靠科技进步和提高劳动者素质的轨道上来，从而加速实现国家的繁荣强盛。为了加强科技能力，《决定》指出，要坚持自主研究开发与引进国外先进技术相结合，大力推动科技成果向现实生产力的转化，合理部署技术开发及推广、应用研究和基础研究工作，实施"有限目标，突出重点，集中力量，攻克关键，勇于创新"的基本方针，大力推进农业和农村科技进步，为科技创新不断营造良好的氛围。

对于农业科技的创新问题，《决定》也明确指出了方向。即要始终把科技进步摆在农业和农村经济发展的优先地位，把农业科技摆在科技工作的突出位置，推动传统农业向高产、优质、高效的现代农业转变，使中国农业科技率先跃居世界先进水平；要着重抓好中国现有农业先进技术的组装配套，并有选择地引进一批国外、境外的优良品种、先进技术和管理经验，加速推广应用。大力提高农业技术成果的转化率和规模效益，采用多种方式培养农业技术人才，切实加强农业科学研究与技术开发。集中优势力量，在动、植物新品种选育、病虫害与自然灾害的综合防治、区域综合发展、农产品加工及综合利用、农业生态环境保护等对农业发展有重大影响的关键技术领域，力求取得重大突破。要十分重视生物技术等现代高技术的研究开发及在农业上的应用，加强农业基础性研究，为建设现代农业奠定坚实的理论基础和提供强大的科技支撑。

与此同时，《决定》也强调了企业技术创新的重要性。指出技术创新是企业科技进步的源泉，是现代产业发展的动力。因此要大力推进企业科技进步，促进企业逐步成为技术开发的主体。要把增强企业应用先进技术的活力，提高技术创新能力作为现代企业制度建设的重要内容。激励企业广泛吸纳国内外先进技术及新思想、新知识，面向市场需求，不断开发新产品、新技术和新工艺，采用先进的管理方法、组织形式，科学地组织生产、销售和服务。继续推动产、学、研三结合，鼓励科研院所、高等学校的科技力量以多种形式进入企业或企业集团，参与企业的技术改造和技术开发，以及合作建立中试基地、工程技术开发中心等，加快先进技术在企业中的推广应用。

这一决定的出台，更加强化和提高了科学技术在国民经济发展中的地位，而且也显示了中央对农业科学技术发展的高度重视，将农业科技的重要性和对科技创新的要求与未来目标提得更加清晰。

（五）提出科技体制改革思想

虽然国家强调科学技术要为生产服务，要与经济发展相结合，但由于体制上存在着科技、经济"两层皮"现象，因此，在相关政策执行上，效果并不理想，科技与经济相互脱节的现象依然存在，并且在某种程度上其相互之间的矛盾甚至有所加重。解决这一问题，唯有通过科技体制改革的不断深化。

意识到这一问题之后，在1985年3月的全国科技工作会议上，邓小平同志发表了题为《改革科技体制是为了解放生产力》的讲话，明确指出"要进一步解决科技和经济结合的问题。所谓进一步，就是说，在方针问题、认识问题解决之后，还要解决体制问题"。"经济体制，科技体制，这两方面的改革都是为了解放生产力。新的经济体制，应该是有利于技术进步的体制。新的科技体制，应该是有利于经济发展的体制。双管齐下，长期存在的科技与经济脱节的问题，有可能得到比较好的解决。"关于如何促进科技体制的改革，《中共中央关于经济体制改革的决定》给予明确地阐述，即鼓励科研机构以多种形式长入经济，发展新型的科研生产经营实体，积极开发和组织生产高新技术产品；在智力密集地区兴办高新技术产业开发区，发展高新技术产业；大力推动企业和农村科技进步，支持集体、个体等不同所有制形式科技机构的发展。在中央政策的指导下，科技与经济发展之间的关系有所紧密，相互脱节的现象有所缓解，但随着进一步的发展，又出现了新的问题，尤其是经济发展对科技支撑的依赖程度越来越大，在这种情况下，中共中央、国务院在 1995 年又发布了《中共中央、国务院关于加速科学技术进步的决定》。《决定》指出，"九五"期间要进一步落实经济建设必须依靠科学技术，科学技术工作必须面向经济建设和努力攀登科学技术高峰的方针。坚持在面向经济建设和社会发展主战场、发展高技术和建立高新技术产业、加强基础性研究三个层次上进行科技体制改革的战略部署，按照"稳住一头，放开一片"的原则，加强基础性研究、应用研究、高技术研究和重大科技攻关活动，增加科技储备，解决国民经济建设和社会发展中重大、综合、关键、迫切的技术问题，尽快缩小与国际先进水平的差距。要促进企业尤其是国有大中型企业成为科技创新的主体。在其精神的指引下，大多数研究开发机构直接进入市场，大大加速了农业科技成果转化，大幅度提高了社会生产力和经济效益，提高了农业的科技水平。

通过对农业科技发展方向及农业科技发展主体的定位，使农业科技的创新与发展具有了明晰的思路和重点。

（六）提出建设国家创新体系

1998 年 2 月，江泽民同志对中国科学院提交的关于《迎接知识经济时代，建设国家创新体系》的研究报告做了重要批示。根据批示精神，经过多次磋商形成了由中国科学院实施国家知识创新工程试点的战略构想。以 1998 年国务院决定对国家经贸委管理的 10 个国家局所属的 242 个科研院所进行管理体制改革和中国科学院呈报国务院的《关于中国科学院开展知识创新工程试点的汇报提纲》为标志，中国进入了国家创新体系建设阶段。1998 年 8 月，中共中央、国务院联合召开了国家计划创新会议，出台了一系列重在营造和倡导国家创新的政策环境和建设措施，为实施国家创新工程奠定基础。

第二节　中国农业科技自主创新管理体制发展现状

经过对于新中国成立以来科技管理体制发展历程的分析、教训的吸收与经验的借鉴，以及国民经济与社会发展所跨上的新台阶和对科技创新要求的日益强烈，中国于 21 世纪初便调整并制定新的能够有利于促进农业发展和经济发展的科技管理体制。管理体制的理论依据或者经验判断是来自于工业化阶段与技术创新阶段之间所存在的相互关系以及研发投入在国内生产总值的比重水平（见表 1-1）。相关政策的出台，显示了国家的科技管理体制导向和科技发展重心。

表 1-1　技术创新阶段的标志划分

工业化阶段	工业化前阶段	工业化第一阶段	工业化第二阶段	工业化后阶段经济标志
经济标志（人均 GNP）	小于 300 美元	300—2000 美元	2000—4750 美元	大于 4750 美元
技术标志（R&D/GDP）	小于 1%	1%—2%	2%	大于 2%
技术创新阶段	使用技术为主	改进技术为主	创造技术为主	创造技术为主

资料来源：高建：《中国企业技术创新分析》，清华大学出版社 1997 年版，第 36 页。

一、更加关注原始创新研究

2002 年 6 月 11 日，科学技术部、教育部、中国科学院、中国工程院、国家自然科学基金委员会联合下发《关于进一步增强原始性创新能力的意见》，强调指出"进入新的世纪，国际竞争格局正在发生深刻的变化，基础研究和高技术前沿研究领域的原始性创新能力，已成为决定国家间科技乃至经济竞争成败的一个重要基础条件。"《意见》还提出了增强原始性创新能力的指导思想，即随着世界范围内高新技术及其产业发展的日新月异，产业竞争加速由生产阶段前移到研究开发阶段。原始性创新作为科技创新的主要源泉，不仅带来科学技术的重大突破，而且带来新兴产业的崛起和经济结构的变革，带来重大发展和超越的机会。为此，要"鼓励冒险，宽容失败，勇于创新，敢为人先"，营造有利于原始性创新的文化环境；鼓励学术民主，倡导创新文化，保障不同学术观点的公开发表和充分讨论；建立国家科技管理部门间的沟通协调机制，强化国家战略部署和政府宏观调控能力，合理配置国家资源；充分调动、利用部门和地方的科研力量与资源优势，共同推动增强原始性创新能力的工作。党的十九大报告进一步强调指出，"要瞄准世界科技前沿，强化基础研究，实现前瞻性基础研究、引领性原创成果重大突破。"并提出要积极"倡导创新文化，强化知识产权创造、保护、运用。培养造就一大批具有国际水平的战略科技人才、科技领军人才、青年科技人才和高水平创新团队。"这些政策和指导意见的核心内容就是要为原始创新营造环境和氛围，让人们认识到原始创新的重要性和如何实现原始创新。

二、进一步推进技术创新研究

在《关于进一步增强原始性创新能力的意见》出台不久，国家经济贸易委员会、财政部、科学技术部、国家税务总局于 2002 年 6 月 21 日联合下发了《国家产业技术政策》，从产业和科技之间相互关联的角度，指出了技术创新能力与产业技术水平之间的关系。认为产业技术创新"是推进中国产业结构优化升级、培育新的经济增长点的重要举措"。为此，"要有选择地发展一批高新技术产业，力争在关系国家经济命脉和安全的重点领域提高自主创新能力，拥有自主知识产权；加快利用高新技术改造传统产业步伐，实现产业技术水平和创新能力的跨越式发展，为培育新的经济增长点和产业结构优化升级提供技术保证。"虽然已经明确地提出了科技发展与科技创新同产业之间的高度关联性，也实施了对重点产业尤其是高科技产业的支持政策，但是要形成对产业的可持续发展能力的强化，承担产业发展任务的主体——企业，其科技创新能力必须予以高度重视。

在这种背景下，为了进一步增强企业自主创新能力，加快建立以企业为主体、市场为导向、产学研相结合的技术创新体系，2006 年 1 月 24 日，科学技术部、国务院国资委、中华全国总工会联合发文《关于印发"技术创新引导工程"实施方案的通知》，要促进企业成为技术创新的主体，引导形成拥有自主知识产权、自主品牌和持续创新能力的创新型企业；引导建立以企业为主体、市场为导向、产学研相结合的技术创新体系；引导增强战略产业的原始创新能力和重点领域的集成创新能力，通过各种方式，不断提升企业的核心竞争力，增强国家自主创新能力，为建设创新型国家提供有力支撑。由此，企业作为创新主体的角色得到基本定位并且十分清晰。《"十三五"规划纲要》进一步指出："要强化企业创新主体地位和主导作用，鼓励企业开展基础性前沿性创新研究，深入实施创新企业百强工程，形成一批有国际竞争力的创新型领军企业，支持科技型中小企业发展。"可见，企业在技术创新中的主体地位被提升到了前所未有的高度。

三、自主创新的内涵不断拓展深化

对于自主创新的内涵和外延把握，不仅涉及本书的逻辑思路，而且关系到本书的整体结构。为此，本书采纳了能够显示政府高层认可并且为人们所能够普遍接受的关于"自主创新"的内涵拓展。2016年5月30日，习近平总书记在全国科技创新大会、两院院士大会、中国科学技术协会第九次全国代表大会上指出"实现'两个一百年'奋斗目标，实现中华民族伟大复兴的中国梦，必须坚持走中国特色自主创新道路，面向世界科技前沿、面向经济主战场、面向国家重大需求，加快各领域科技创新，掌握全球科技竞争先机。"①

从上述的内涵拓展中，不仅看到了自主创新在科技工作中的重要地位，对原始创新高度重视，也同样显示出以企业为中心的集成创新的重要性。由此可见，科技创新是一个具有全面而又丰富的内涵的概念。研究和分析农业科技创新，不论从什么角度，都应该很好地把握这种内涵，深刻认识这种内涵所显示的内在意义。

新中国成立以来，中国农业科技自主创新政策演变的历史轨迹表明，多年来中国科技管理体制一直是一种强制性的体制，即政府主导型的农业科技管理体制，在一段时期内，这种管理体制对于科技的发展曾起过积极的推动作用，今后是否还能继续发挥其促进科技自主创新能力提高的作用，如果不能，管理体制改革的方向又如何确定，这是本书要进一步分析的。

---

① 《习近平指出科技创新的三大方向》，2016年6月7日，见 http://www.most.gov.cn/yw/201606/t20160607_126000.htm。《全国科技创新大会　两院院士大会　中国科协第九次全国代表大会在京召开》，2016年6月7日，见 http://www.gov.cn/xinwen/2016-05/30/content_5078085.htm#1。

第二章　农业科技自主创新管理体制分析的理论基础

作为第一生产力的科学技术，是推动经济发展的重要动力源泉。如何通过农业科学技术的不断创新，积蓄和增强推动农业与农村经济发展的更大能量，是政府官员和农业科技领域工作者长期以来所普遍关注的重要话题。而根据制度经济学的理论，提高技术创新效率和加快经济发展的根本保障首先在于良好的制度供给，通过制度的创新和制度的供给，才能为科学技术与经济社会发展提供一个良好的内外部环境，尤其是对于中国这样一个处于高速变革和快速发展中的农业大国，制度的创新和制度的完善，更显得尤其重要。本章拟从制度变迁及其相关理论的介绍与分析入手，为农业科技自主创新管理体制的改革和完善梳理出一个值得遵循或参照的理论依据。

第一节　制度变迁

在新制度经济学中，"制度"通常被理解为一种社会博弈规则，是人们所创造的用以限制人们相互交往行为的框架（卢现祥，2003）。制度由正式约束（规则、法律等）、非正式制度（行为规范、习俗和自我施加的行为准则等）及其实施特性构成的（道格拉斯·C.诺斯，

2003）。传统经济学提出人是理性地追求效用最大化的，而新制度经济学则认为要考虑现实中的人的行为和人的需求，人是在一定的规则、规范制约条件下理性地追求效用最大化的，因此，要将人放在分析的框架之内来探讨制度的构建问题。

一、制度变迁的重要条件

制度变迁是制度的替代、转换与交易过程，可以理解为一种效益更高的制度对效益相对较低的制度的替代过程。任何制度的变迁都包括制度变迁的主体（组织、个人或国家）、适应性等诸多因素（卢现祥，2003）。

（一）有效的组织

新制度经济学理论提出，有效组织是制度变迁的关键因素，而创新能力则是组织有效的主要标志。制度变迁最终取决于制度变迁的主体，同时基本制度框架又约束着人们的行为及其选择，有效的组织决定着制度变迁的方向和进程。

（二）适应效率

适应效率涉及决定经济长期演变的途径、社会获得知识和学习的愿望，引致创新、分担风险、进行各种创造活动的愿望，以及解决社会长期"瓶颈"和问题的愿望。制度变迁使组织更具有创新的能力和愿望，使组织有了适应效率。适应效率是检验一种制度是否有效的首要的衡量标准。

在科技自主创新的推进过程中，有效的制度应该为创新提供良好的机制（或氛围），分担组织创新的风险，保护知识产权。

二、制度变迁的方式

根据制度变迁主体不同,制度变迁分为诱致性制度变迁和强制性制度变迁这两类具有代表性的方式。

(一)诱致性制度变迁与强制性制度变迁的基本内涵

诱致性制度变迁是指现行制度安排的变更或替代,或者是新制度安排的创造,是由个人或一群人在响应获利机会时自发倡导、组织和实行的。诱致性制度变迁必须由某种在原有制度安排下无法得到的获利机会引起(卢现祥,2003)。

与诱致性制度变迁不同,强制性制度变迁由政府命令和法律引入和实现。强制性制度变迁的主体是国家或政府。国家的基本功能是提供法律和秩序,国家在使用强制力时会呈现较强的规模经济效果,可以比竞争性组织以低得多的费用提供一定的制度性服务(卢现祥,2003)。

(二)诱致性制度变迁与强制性制度变迁的特点比较

诱致性制度变迁和强制性制度变迁在改革的主体、程序、性质、顺序和路径等方面具有完全不同的特点(见表2-1)。

在改革的主体方面,基层的行为人或企业因为潜在的利益提出了新的制度需求,从而成为诱致性制度变迁的推动者。政府是强制性制度变迁的推动力量。

在改革的程序方面,诱致性制度变迁是基层的行为,因为对制度的需求影响上级政府,上级政府也以同样的方式影响它的上级政府,直至决策者安排好制度。强制性制度变迁是政府制定制度后,由各级地方政府或者部门来积极推行。

在改革的顺序上,诱致性制度变迁解决较容易的制度,再向核心制度突破，由易到难，逐步推进，其次是在具体的制度上，一般都是先试点、摸索积累经验，再在面上推广。而强制性制度变迁从核心制度开始进行改革。

在改革的路径方面，诱致性制度变迁以基层行为人或企业对制度的需求来诱导制度出台，然后逐步地推行，避免社会产生巨大的震荡。强制性制度变迁则是制度一出台就一步到位，一定程度上具有激进的性质。

表 2-1　诱致性制度变迁与强制性制度变迁的特点对比表①

	诱致性制度变迁	强制性制度变迁
改革的主体	基层的行为人或企业	国家或政府
改革的程序	自下而上	自上而下
改革的顺序	先易后难、先试点后推广和从外围向核心突破相结合	从核心制度开始进行改革
改革的路径	渐进的	具激进性质

（三）诱致性制度变迁与强制性制度变迁的优缺点比较

诱致性制度变迁和强制性制度变迁各有其优缺点，具体表现如下：

1. 诱致性制度变迁的局限性与强制性制度变迁的优点

诱致性制度变迁的局限性主要存在以下几个方面（见表 2-2）。一是改革难以彻底。诱致性制度变迁的主体是基层的行为人或者企业，力量较弱，而且一般在基本的制度需求问题得到解决后，进一步改革的动力会减弱。二是改革时间较长。诱致性制度变迁的渐进式特点决定了制度的安排要经过较长时间的试用，才能找到较为恰当的制度，

---

①　卢现祥：《西方新制度经济学（修订版）》，中国发展出版社 2003 年版，第 107—116 页。张卫东：《制度经济学》，东北财经大学出版社 20_0 年版，第 11—13 页。

而且自下而上的改革要得到上层的认可也需要一定的时间。三是改革的成本较大。在诱致性制度变迁过程中,谈判成本较高是制约制度变迁的重要因素。四是制度供给不足。诱致性制度变迁中存在的一个突出问题是外部效果和"搭便车"行为,这可能会导致制度不均衡和供给短缺。

强制性制度变迁能够弥补诱致性制度变迁中存在的不足,主要表现为:一是推动力大。由于政府是变迁的主体,对制度安排的力量比较大,只要政府下决心,制度必定能迅速安排好。二是制度出台的时间短。强制性制度变迁不需要像诱致性制度变迁那样,要通过较长的时间探索,能够较快满足制度需求,不存在强制性制度供给不足或者制度需求缺口过大的问题。三是成本相对低。强制性制度变迁的主体是国家,国家在使用强制力时具有较大的规模经济,在制度变迁中降低组织成本和实施成本,故提供制度服务的费用相对较低。四是能够弥补制度供给不足。诱致性制度变迁由于外部性和"搭便车"的问题,会面临制度供给不足的问题,强制性制度变迁中政府可以凭借其强制力等优势,弥补制度供给不足的问题(见表2-2)。

表2-2　诱致性制度变迁的局限与强制性制度变迁的优点比较

	诱致性制度变迁的局限性	强制性制度变迁的优点
改革的彻底程度	变迁力量相对弱,改革难以彻底	推动力大,改革较为彻底
改革的时间	改革时间较长	制度出台的时间短
改革的成本	改革成本较大	规模经济,较低的费用提供制度服务
制度的供给	制度供给不足	能够弥补制度供给不足

2.强制性制度变迁的局限性与诱致性制度变迁的优点

强制性制度变迁的局限性主要表现:一是可能产生低效性。强制性制度变迁方式可能会违背一致性同意原则，即某一制度在强制实施时可能违背了一部分人的利益，这部分人可能不按照这些制度规定规范自己的行为，出现"上有政策，下有对策"的现象，从而导致制度的低效性。二是制度破坏性大。由于强制性制度的约束性较强，一旦供给的制度不符合实际需要，便可能对社会的发展造成极大的破坏。三是社会震荡大。因为强制性制度变迁是对既得利益集团各种利益的调整，而这种调整因变迁性质决定没有一定的缓冲时间，震荡是不可避免的。由于强制性制度供给存在上述的这些问题，所以决策者一般较为谨慎，不轻易采用。而诱致性制度变迁能够弥补强制性制度变迁中存在的不足。如果诱致性制度变迁能克服外部性和"搭便车"问题，将是最有效率的形式之一。而且，诱致性制度变迁的改革主体来自基层，能够最大限度地减少改革的摩擦阻力，降低制度创新的风险，不至于因改革而影响社会稳定，也不至于因改革措施的出台而使改革局面失控。

强制性制度变迁和诱致性制度变迁的方式各有优缺点，单独采用都并不完美，因此，在实际的制度变迁过程中，为了更好地发挥制度的效果，应针对具体情况采取具体的变迁方式，最好的方式是强制性制度变迁和诱致性变迁综合采用，即采用强制性制度变迁时要充分考虑到行为主体的利益，采用诱致性制度变迁时要争取得到政府的支持，这样才能取得最佳的效果。

第二节　农业科技原始创新管理体制分析理论基础

农业科技自主创新能力的提高，是中国在 21 世纪初制定的《农业科技发展纲要》以及《农业科技发展规划（2006—2010）》所确立的一个重要领域。要确保农业科技发展水平的不断提升，则制度创新与制度条件是实现目标的重要保证。为此，运用新制度经济学的制度变迁理论，将对分析原始创新的动力与动因以及如何确保创新效率提供一个重要的理论基础。

一、关于科研人员的假设

在科技原始创新活动中，随着人们认识的不断深入，今后对于未知事物的认识越来越难，一个人的力量很难有新的发现，因此科研团队的建立和形成整体的力量就显得日益重要。按照新制度经济学的理论，处于科研团队中的科研人员追求自身利益最大化要在一定的制约条件下进行，这个制约条件就是其要服从于整个团队的需要，唯有如此，才能在事业上取得更大的成绩。

另外，中国科学技术研究领域，原始科学技术创新活动是在政府的支持下开展的，其评价方式往往采用专家评价法进行。但是由于在科技评价领域缺乏能够制约评价者的规则，所以这些评价者也就基本上是在没有约束的情况下，力图以最小的经济代价去追逐和获得自身最大的经济利益。这对提高原始创新能力显然十分不利。按照新制度经济学的观点，解决个人理性与集体理性之间冲突的办法，不是否认个人理性，而是设计一种机制，在满足个人理性的前提下达到集体理性。这为农业科技原始创新政策的制定奠定了理论基础。

二、科研人员与科研团队之间的博弈

在科技创新活动中，科技创新效果的大小往往与科研人员潜力的发挥程度存在着紧密的联系。科研人员能力的充分发挥与否决定了一个国家科技乃至经济的发展程度，因此，尊重科研人员、为科研人员创造良好的科研条件以便使其能够最大程度地发挥潜能，便引起许多国家政府的高度重视。然而，随着科学研究的日益复杂化，一项科学研究尤其是原始性创新方面的研究只靠一个人的力量是很难完成的，特别是要取得较大的突破研究是很难的，常常需要依赖于一个大的团队才能完成任务。科研团队是由研究方向大致相同的多个科研人员组成的，因此，发挥科研团队的整体合力也就首先面临着如何充分调动每个科研人员积极性，使整个科研团队的合力最大，这需要利用构建博弈框架来分析现行政策下科研人员与科研团队之间的利益关系，从而使科研人员与科研团队潜力最大限度地发挥出来。

所谓博弈理论（Game Theory）是研究相互影响的经济当事人如何根据环境及竞争对手的选择采取最优策略的理论，尤其关注经济当事人的策略化行为及其相互影响。一般一个博弈主要包括局中人、行动和规则以及结果和支付等三个基本要素。

从参与对策的局中人是否进行合作来看，博弈可以分为合作博弈和非合作博弈，如果局中人可以签订能使它们设计联合策略的具有约束力的合同，则博弈就是合作博弈；如果不可能谈判并执行有约束力的合同，则博弈就是非合作博弈。无论在合作博弈还是在非合作博弈中，策略设计的最重要的方面是理解对手的观点，并推断对手对你的行为大概会如何反应。

第三节　农业科技集成创新管理体制分析理论基础

在经济全球化的背景下，企业的竞争能力在相当程度上反映国家的竞争能力，企业的科技创新性与国家的科技创新成就也高度关联在一起，如何激发和培育企业的创新能力，必须探讨和设计一种有利于农业企业科技创新的良好环境，而制度是能力提高的重要保障。新制度经济学制度变迁理论虽然为分析企业集成创新提供了一定的理论基础，但为了使分析更具有针对性并与企业创新过程中的内在特点相联系，本书拟将采用利润最大化理论、企业自生理论以及显示性比较优势等理论对企业行为进行深入分析。

一、利润最大化理论

企业的本质是追求利润最大化的。而一个以追求最大利润为目标的生产者必然会以最低成本的生产要素组合即最优要素组合来进行生产。使利润最大化的途径有两个，一是在成本已定时，选择使产量最大的生产要素组合；二是在产量已定时，选择使成本最小的生产要素组合。

在农业企业进行生产时，其是否进行科学技术创新决定于其采取前后的利润大小，企业将在充分考虑成本—收益情况下选择最符合切身利益的办法。

二、自生能力理论

关于企业发展问题，林毅夫（2002）提出了"自生能力"的理论，所谓自生能力是指"在一个开放、竞争的市场中，只要有着正常的管理，就可以预期这个企业能够在没有政府或其他外力的扶持或保护的情况下，获得市场上可以接受的正常利润率"。在企业都具有自生能力的暗含前提下可以推论，如果一个企业在竞争的市场中并未获得大家可以接受的正常利润率，则一定是由于缺乏正常管理。林毅夫认为，在发达的市场经济中假定企业具备自生能力是合适的，因为发达的市场经济国家中的政府，除了很特殊的产业中的企业外，一般不会给予企业补贴和保护。所以，在开放、竞争的市场上存在的企业，应该都是具有自生能力的。但是，在转型经济和发展中国家，很多企业是不具备自生能力的，也就是即使有了正常的管理，在竞争的市场中也无法获得大家可以接受的预期利润率。林毅夫认为其原因主要和这个企业所在的产业、所生产的产品以及所用的技术是否与这个国家的要素禀赋结构所决定的比较优势是否一致有关。如果一个企业所在的产业、所生产的产品或所采用的技术不符合这个经济的比较优势，那么，这个企业所生产的产品和国外在该产品生产上具有比较优势的国家的产品相比，价格将会较高，除非政府给予保护，否则在开放、竞争的市场上这个企业就不可能生存。林毅夫认为，企业自生能力不仅是转型中国家也是发展中国家的核心问题。政府对没有自生能力的企业通过压低利率、用廉价的资金支持缺乏自生能力的企业，对进口贸易设置各种障碍，使这些企业免于和发达国家的企业竞争。没有比较优势而依赖政府的保护和补贴建立起来的企业难以创造真正的剩余，而有比较优势能够创造剩余的企业在政府的歧视政策下难以发展，因此，整个经济可以动员的资金将逐渐枯竭。

林毅夫（2002）认为，从自身能力的概念出发，一个国家经济发展的目标应该定位在要素禀赋结构的提升。在开放竞争的市场中，如果要素禀赋结构提升了，则企业为了自己的生存自然就会提升其产业、产品和技术水平。要最快的提升一个国家的要素禀赋结构，这个国家就必须在每一个时点创造最大的剩余，并将剩余中最大的部分用来作为积累。一个国家如果能在每一个时点上按其当前的要素禀赋结构所决定的比较优势来选择产业、产品、技术，整个经济就会有最大的竞争力，能够创造最大的剩余，资本的回报率也会最高，积累的意愿会最大，要素禀赋结构提高的速度会最快。因此，他认为政府在经济发展中的主要责任是维持开放竞争的市场，使市场价格能反映各种要素的相对稀缺性，那么，企业就会在相对价格的引导下为了提高竞争力而去选择和这个经济的比较优势相符合的产业、产品和技术。同时，如果各个企业都能按这个经济的比较优势来组织生产，那么，这个经济的要素禀赋结构的提升会很快。企业也要随之进行产业、产品、技术升级，这种升级是一种创新活动。

中国农业科技自主创新能力比较低下，重要的原因就是投入力度有限，而造成投入力度有限的原因主要是中国农业企业没有形成较强的自生能力，由此难以在世界甚至在国内处于领先地位，从而创造更高的利润，也就难以为农业科技自主创新提供强大的经济支撑。

三、显示性比较优势指数法

18 世纪英国经济学家亚当·斯密（Adam Smith，1776）提出了绝对优势理论，认为各国所存在的生产技术上的差别以及由此造成的劳动生产率和生产成本的绝对差别，是国际贸易和分工的基础，各国应该集中生产并出口其具有"绝对优势"的产品，进口其不具有"绝对优势"的产品，其结果比自己什么都生产更有利。大卫·李嘉图在绝对优势理论的基础上，提出了比较优势理论。比较优势理论认为，国际贸易的基础并不限于生产"绝对优势"的产品，只要各国之间存在着技术上的相对差别，就会出现生产成本和产品价格的相对差别，从而使各国在不同的产品上具有比较优势，使国际分工和国际贸易成为可能。比较优势理论认为，如果一个国家在本国生产一种产品的机会成本（用其他产品来衡量）低于在其他国家生产该产品的机会成本的话，则这个国家在生产该种产品上就拥有比较优势。也可以认为比较优势就是不同国家生产同一种产品的机会成本差异，该差异的来源是各国生产产品时的劳动生产率差异。

在20世纪初，瑞典经济学家埃利·赫克歇尔和伯尔蒂尔·俄林（Eli F Heckscher and Bertil Ohlin）又进一步从生产要素比例的差别来阐述贸易的基础。他们认为生产商品需要不同的生产要素而不仅仅是劳动力。他们根据不同的商品生产需要不同的生产要素配置提出了资本密集型产品与劳动密集型产品之分。而各国生产要素的储备比例是不同的，因此，产品生产的相对成本，不仅可以由技术差别决定，也可以由要素比例和稀缺程度的不同而决定。一般来说，劳动力相对充裕的国家，劳动力价格会偏低，因此劳动密集型产品的生产成本相对低一些。而在资本相对充足的国家里，资本的价格会相对低，生产资本密集型产品可能会有利。因此，赫克歇尔和俄林认为各国应该集中生产并出口那些能够充分利用本国充裕要素的产品，以换取那些需要密集使用其稀缺要素的产品。国际贸易的基础是生产资源配置或要素储备比例上的差别。

比较优势主要是由大卫·李嘉图（David Ricardo）的比较成本理论和赫克歇尔—俄林的要素比例理论构成。比较优势的形成和变化取决于许多经济因素，这些因素包括所有对生产成本起作用的经济变量，如自然资源拥有量、劳动者素质、技术水平、基础设施等。在许多情况下，成本优势和资源优势之间具有相互替代性。

显示比较优势指数（Revealed Comparative Advantage）是贝拉·巴拉萨（Bela Balasa）于 1965 年测算部分国家贸易比较优势时采用的一种方法，后被世界银行等国际组织普遍采用。它是指一个国家某类产品占其出口总值的份额与世界该类产品占世界出口份额的比率。用公式表示如下：

$$RCA_{ij} = \frac{(X_{ij}/X_{it})}{(X_{wj}/X_{wt})} \qquad （2-1）$$

式中，RCA_{ij} 是 i 国家（地区）第 j 类产品的显示性比较优势指数；X_{ij} 是 i 国家（地区）第 j 类商品的出口额；X_{it} 是 i 国家（地区）在 t 时期所有商品的出口额；X_{wj} 是世界第 j 类商品的出口额，X_{wt} 是世界在 t 时期所有商品的出口额。

一般来说，当 $RCA_{ij}>1$ 时，说明 i 国家（地区）的第 j 类产品具有显性比较优势，且 RCA_{ij} 值越大，产品的国际竞争力越强；当 $RCA_{ij}<1$ 时，说明 i 国家（地区）的第 j 类产品具有显性比较劣势，且值越小，产品的竞争力越弱。

在农业科技创新中，农业企业集成创新能力如何，必然影响着一国科技创新投入的力度，因此，分析一个国家科技创新潜力大小的一个重要表现是企业的集成创新能力，而企业集成创新能力高低可以通过农产品的国际竞争力反映出来。

第四节　农业科技引进消化吸收再创新管理体制分析的理论基础

中国农业科技水平与世界发达国家还存在着一定的差距，要缩小这种差距，追赶发达国家，必须采取多种措施，除了依靠原始创新外，还可以引进发达国家先进的科学技术，并通过消化吸收而实现再创新，达到与发达国家科技水平相接近的目的。曰此，引进、消化、吸收和再创新便成为研究人员必须面对和需要讨论的基本问题。而要分析这一问题，需要对引进科学技术的不足及原因进行深入分析。对此，本书将技术差距理论、后发优势理论、技术选择理论以及发展中国家技术创新理论等与引进技术的管理体制相关的理论进行系统辨析和深层解构。

一、技术差距理论

美国学者波斯纳 (Michael V.Posner，1961) 于 20 世纪 60 年代提出了技术差距理论。该理论认为，由于各匡的研究和开发投资不同，作为研究开发结果的技术在国与国之间存在着差距。一般认为发达国家具有研究与开发的能力，更多的技术创新是在发达国家内产生的。发达国家的技术创新会导致发达国家与发展中国家之间的技术差距。在一定时间内，已经完成技术创新的国家不仅取得了技术上的优势，还可以凭借这种优势取得相关产品生产差距，该技术产品的国际贸易便由此产生。随着该产品国际贸易规模的扩大，为了追求更高的利润，技术创新国可能会通过多种途径和方式进行技术转让。而其他国家亦会因该项技术及其产品在经济增长中的示范效应，或进行研究开发与模仿，或进行技术引进，最终掌握该项技术，于是技术差距逐渐缩小。技术差距的缩小导致该技术产品在技术创新国与技术引进国之间的贸易量减少，直到技术引进国自己能生产出满足国内需求数量的商品，该项技术产品的贸易停止，两国间原有匀技术差距才会消失。

二、后发优势理论

首先提出"后发优势"（Advantage of Backwardness）理论的是 20 世纪美国著名的经济史学家亚历山大·格申克龙 (Alexander Gerschenkron)，他在 1962 年出版的《经济落后的历史透视》一书中，对 19 世纪比英国工业化起步时间较晚、经济发展较为落后的欧洲国家，如德国、意大利、俄国等国家的工业化进程进行了分析，认为工业化前提条件的差异将影响发展的进程。一个国家的经济发展越是落后，工业化起步就越是缺乏历史的连续性，往往采取突变的方式。因此，一个国家在实行工业化的初期阶段，相对落后程度越高，其后的增长速度越快。他提出了一个后进国家追赶先进国家的经济增长模型，其中的假设是：相对的经济落后性具有积极作用，它可以系统地替代先进国家工业化的一些先决条件，而且后进国家可以享有先进国家已经开发出来的技术，并采取当代"最优做法"，因此具有一种"后发优势"。所谓"后发优势"，是指后起国家在推动工业化方面所拥有的由后起国家地位所致的特殊益处，这种益处不是先进国家所同样能拥有的，也不是后进国家通过自身努力创造的，而完全是与其经济的相对落后共生的，也常被称作"后起之益或落后的有利性"等。"后发优势"的重要意义在于它第一个从理论高度展示了后起国家在工业化进程中赶超先进国家的可能性和具有的潜力。从目前的经济技术发展水平上来看，发展中国家处于落后的地位，但这种落后也蕴藏着一种潜在的优势，即后发优势。落后国家如能充分利用后发优势，就可以有效地缩短与先进国家的差距，甚至后来居上。

关于后发优势理论，林毅夫通过对中国情况的分析后，提出了自己的观点，认为"后发优势"对中国的发展具有重要的理论支撑意义。

因为即使经过多年的改革和发展，中国与发达国家之间的差距仍然存在较大距离。尤其在科技层面，这种距离更不能忽视。所以，利用技术差距来促进经济发展的潜力也就非常大。据此，将后发优势理论作为科学技术引进消化吸收再创新的理论基础，便具有直接的指导价值。

三、技术选择理论

与发达国家不同，发展中国家所存在的技术水平往往导致其使用落后于发达国家的技术，即现实中使用的技术与发达国家的先进技术还存在着一定的差距（Caselli 和 Coleman，2000）。而对于发达国家而言，技术创新只能通过研究和发展或其他知识创新的机制来实现。然而，对于发展中国家来说，除了自己研发新技术外，还可以通过引进发达国家的先进技术来实现技术创新，而且引进技术的成本要远低于自己研究和发展新技术所需要支付的成本，但是，技术尤其是农业技术具有很强的适应性，因此如何选择技术是引进中需要解决的问题。关于该问题，苏桑托·巴苏和戴维·N. 韦尔（Susanto Basu and David N. Weil，1998）认为发展中国家资本存量相对较低是采用发达国家先进技术的一个障碍。他们通过分析研究得出结论，发展中国家如果能够通过提高储蓄率来利用先进技术，就有可能经历一个经济迅速增长时期。达龙·阿西莫格鲁和法布里奇奥·齐利博蒂（1999）则认为进口技术存在着坏处，他们指出技术在发达国家使用时，使用者是熟练的工人，而当技术转移到发展中国家时，使用者对新技术非常不熟练，由此导致劳动技巧和技术之间的不匹配，会导致发达国家和发展中国家人均产出和总要素生产率方面出现巨大差距。面对这些问题，印度经济学家雷迪提出了适用技术理论。适用技术理论认为，发展中国家在引进技术时，应该从国情出发，根据最小投入或最大收益的经济原则，考虑本国的生产要素现状、市场规模、社会文化环境、吸收创新能力等因素，选择最符合引进国自身条件的技术。

关于技术选择问题，林毅夫（2004）认为，大多数发展中国家没有能够成功地缩小与发达国家的发展差距，主要根源在于政府采取了不适当的发展战略。多数国家的政府都执行了优先发展资本密集型产业的发展战略。但是经济的最优产业结构是由其要素禀赋结构内生决定的，因此，在一个开放竞争的市场中，由于这些产业中的企业没有自生能力，政府优先发展资本密集型产业不符合该经济的比较优势，发展中国家政府应该将目标从技术和产业结构的升级上转移到促进要素禀赋的结构升级上。林毅夫还提出，由于大多数发展中国家都是劳动力相对充裕、资本相对稀缺的，因此，发展中国家的企业在生产中应该选择劳动密集型技术。

在中国实施科技自主创新政策的情况下，开展农业科技自主创新是符合中国要素禀赋内生结构的。

四、发展中国家"技术创新"理论

林毅夫（2002）认为，"技术创新"在不同的发展阶段其来源可以不一样。最发达的国家，其企业在生产上所用的技术由于已经是最先进的了，因此它的技术创新就只能依靠投入资金和人力进行研究开发来发明新技术。而发展中国家由于与发达国家存在着技术差距，则技术创新来源有两种选择，一是和发达国家一样，投入较多的资金、人力依靠自身的力量来研发新技术以取得技术创新；二是通过和发达国家的技术差距，从发达国家引进新技术实现技术"创新"。但是到底选择哪种方式进行技术创新，还要取决于哪一种技术创新方式成本比较低、收益比较大。

第三章　原始创新管理体制的成效评价与未来发展环境分析

前瞻性研究（Frontier Research）[1] 是欧盟委员会高级专家组（High-Level Expert Group, HLEG）提出的一个概念，这类研究具有创造新知识、产生新认识的特征，它不仅关注基础研究，也关注应用研究，在相当程度上属于多学科的交叉融合性研究。在中国，更多地把前瞻性研究理解为原创性研究。由于原始创新研究是站在科学技术发展的最前沿，因而为许多国家所高度关注，纷纷投入大量资源，加强本国的原始创新研究。本章运用投入产出分析法，在对原始创新研究的投入与产出的相关性进行测量的基础上，结合中国近年来的发展情况并与世界其他国家进行横向比较，对现行政府主导型科技政策下原始创新研究的基本成就进行了总结和评价，并对其未来发展所可能面对的环境影响因素进行了梳理，为相关政策的制定提供参考依据。

第一节　原始创新投入产出因素分析

一个国家的科技原始创新的管理体制是否具有效率以及是否真正

---

[1]　High-Level Expert Group, *Frontier Research*: *The European Challenge*，Luxembourg: Office for Official Publications of the European Communities，2005，p.18.

适合这个国家的基本国情，最好的办法就是通过原始创新的投入产出效果分析来进行客观的衡量，最后才能得出符合实际的结论。

一、原始创新投入产出因素的相关性分析

根据大量的文献资料，人们对于原始创新的成果产出，一般具有相对明确的基本判断，主要表现为高水平的学术论文、高级别的科学奖励以及发明专利等，能够形成这些产出的投入，则与其他科技活动具有类似之处，主要是人员与经费的投入。在国际上，SCI 论文是各国目前所能够普遍接受的一种原始创新成果的表现形式，因此本书选取中国 2005—2015 年 SCI 论文数量作为因变量，将 2005—2015 年全国研发经费投入、全国研发人员投入科研的人年数、全国科学家与工程师投入科研的人年数以及学成回国人员数量作为自变量，利用 SPSS19.0 分析软件对原始创新的产出与投入因素进行相关分析，试图通过分析因变量与自变量之间相关的密切程度，进而找出影响原始创新能力高低的因素。

通过对于原始创新投入因素与产出因素的相关分析，得到表 3-1 和表 3-2。

由表 3-1 可以看出，2005—2015 年 SCI 论文数量均值为 16.09 万篇，标准差为 7.79 万篇；2005—2015 年全国研发经费数量均值为 7696.50 亿元，标准差为 4172.49 亿元；2005—2015 年全国研发人员投入全时当量均值为 259.51 万人年，标准差为 89.00 万人年；2005—2015 年学成回国人员数平均为 18.36 万人，标准差为 14.27 万人；2005—2015 年两院院士数量均值为 1469.36 人，标准差为 69.88 人（见表 3-1）。

表 3-1　描述性统计量

	均值	标准差	N
SCI 数量（万篇）	16.0909	7.78774	11
全国研发经费投入（亿元）	7696.5045	4172.48658	11
研发人员投入全时当量（万人年）	259.5082	89.00003	11
学成回国人员数量（万人）	18.3636	14.26803	11
两院院士数量（人）	1469.3636	69.88172	11

注：** 表示在 0.01 水平（双侧）上显著相关。

表 3-2　Pearson 相关系数矩阵

		SCI 数量（万篇）	全国研发经费投入（亿元）	研发人员投入全时当量（万人年）	学成回国人员数量（万人）	两院院士数量（人）
SCI 数量（万篇）	Pearson 相关性	1	0.992**	0.976**	0.985**	0.930*
	显著性（双侧）		0.000	0.000	0.000	0.000
	平方与叉积的和	606.489	322261.661	6761.723	1094.696	5063.836
	协方差	60.649	32226.166	676.172	109.470	506.384
	N	11	11	11	11	11
全国研发经费投入（亿元）	Pearson 相关性	0.992**	1	0.993**	0.990**	0.920*
	显著性（双侧）	0.000		0.000	0.000	0.000
	平方与叉积的和	322261.661	1.741E8	3688693.236	589390.415	2682464.872
	协方差	32226.166	17409644.276	368869.324	58939.041	268246.487
	N	11	11	11	11	11

		SCI 数量（万篇）	全国研发经费投入（亿元）	研发人员投入全时当量（万人年）	学成回国人员数量（万人）	两院院士数量（人）
研发人员投入全时当量（万人年）	Pearson相关性	0.976**	0.993**	1	0.975**	0.893**
	显著性（双侧）	0.000	0.000		0.000	0.000
	平方与叉积的和	6761.723	3688693.236	79210.052	12379.617	55537.637
	协方差	676.172	368869.324	7921.005	1237.962	5553.764
	N	11	11	11	11	11
学成回国人员数量（万人）	Pearson相关性	0.985**	0.990**	0.975**	1	0.926**
	显著性（双侧）	0.000	0.000	0.000		0.000
	平方与叉积的和	1094.696	589390.415	12379.617	2035.765	9228.345
	协方差	109.470	58939.041	1237.962	203.577	922.835
	N	11	11	11	11	11
两院院士数量（人）	Pearson相关性	0.930**	0.920**	0.893**	0.926**	1
	显著性（双侧）	0.000	0.000	0.000	0.000	
	平方与叉积的和	5063.836	2682464.872	55537.637	9228.345	48834.545
	协方差	506.384	268245.487	5553.764	922.835	4883.455
	N	11	11	11	11	11

注：** 表示在 0.01 水平（双侧）上显著相关。

由表 3-2 可以看出，SCI 论文被收录数量与全国研发经费投入数量、

研发人员投入科研的人年数、学成回国人员数量以及两院院士数量的
Pearson 相关系数分别为 0.992、0.976、0.985 和 0.930，且因变量与任
一自变量之间不相关的双尾检验值为 0.01。

从统计分析的结果可以得知，SCI 论文被收录数量与全国研发经费
投入、全国研发人员投入科研的人年数以及学成回国人员数量都存在
着显著的正相关关系，即研发经费投入数量越多、研发人员投入科研
的人年数越大、学成回国人员数越多，则 SCI 论文被收录数量越多，其
因素之间的逻辑关系如图 3–1 所示。

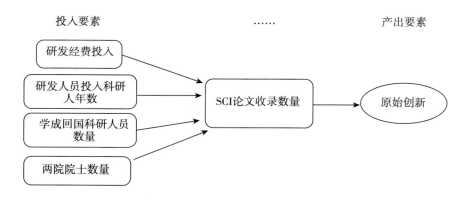

图 3–1　农业原始创新的投入产出分析逻辑图

二、原始创新投入产出指标内涵解析

分析已经显示出了原始创新产出与投入的各个因素之间都具有非
常显著的正相关关系。为了进一步揭示中国原始创新投入产出的现实
情况，则需要了解投入产出因素的具体指标含义及其指标数值的变动
情况和对原始创新的影响。

（一）科研人员质量

科研人员是原始创新活动中最基本的要素，没有科研人员尤其是

高层次的科研人员，原始创新活动就难以开展，因此，科研人员是原始创新研究的核心要素。而科研人员的质量则决定了原始创新研究成果的质量。世界上比较公认的衡量人才能力的标准主要有两个，其一是诺贝尔奖（The Nobel Prize），其二是各学科领域被引用率最高的文献作者。这两个标准对于衡量原始创新人员的能力高低具有比较大的说服力。

1. 诺贝尔奖

诺贝尔奖授予在物理学、化学、生理学、医学以及经济学等领域作出最重大贡献的人。该奖项自诞生以来，就成为全世界公认的比较公正、最具权威、最高金额和最高荣誉的奖项，是衡量人类在科技原始创新方面取得相应成果的重要标志。

2. 各学科领域被引用率最高的文献之作者

目前国际上在判断 1 篇科学论文的内在价值时，通常用该论文发表后的被引用次数来评价。论文的被引用次数越多，说明该论文的科学知识生产质量越高，含原始创新的成分越多。汤姆森集团（The Thomson Corporation）是全球最具有影响的公司，它提供了各学科领域被引用率最高的研究人员的统计，学科涵盖了生命科学、自然科学、工学、社会科学等在内的 21 个领域，每个学科对于引用率最高的 250 人进行公布，共计 5000 人左右。

（二）科研人员人均学术产出

获得诺贝尔奖、各学科领域被引用率最高的科研人员、《自然》和《科学》期刊上发表论文的数量、SCI 论文数量及发明专利数量的人均值。

（三）引进人才

由于人才尤其是高层次人才在国际竞争中的重要地位，因此人才的引进成为各个国家提高原始创新能力的重要举措之一。中国有大量的人员出国留学，从 1978 年到 2017 年年底，各类出国留学人员累计已达 519.49 万人，仅 2017 年，出国留学人数已达 60.84 万人。[①] 因此，积极采用多种方式吸引这些人才回国工作是提高中国原始创新能力的一项重要举措。

（四）科研成果

科研成果是原始创新研究的重要产出，国家投入了大量的高层次科研人员、巨额的科研经费进行原始创新研究，就是为了取得高质量的科研成果。因此，科研成果成为衡量原始创新能力高低的重要指标之一。目前国际上比较公认的能够体现原始创新研究质量的成果主要有《自然》（*Nature*）和《科学》（*Science*）期刊上发表论文的数量、SCI 论文数量以及发明专利的申请和授权数量。

1.《自然》和《科学》杂志

在众多的国际刊物中，英国的《自然》和美国的《科学》是最为著名的两种综合学术刊物，它们的发行量和影响力高于其他任何专业性刊物。英国著名杂志《自然》是世界上最早的国际性科技期刊，发表科学和技术所有领域的论文。该杂志每星期收到论文约 150 篇，而其中能够发表的只有大约 20 篇。其选择论文的最重要的标准就是原始性。美国《科学》杂志为国际上著名的自然科学综合类学术期刊，在全世界学术界享有盛誉，反映其被引文量的影响因子始终高居收录的科学期刊前十位。《科学》杂志创刊于 1880 年，每周除向世界各地发布有关科学技术和科技政策的重要新闻外，还发表全球科技研究最显著突

---

① 教育部：《2017 年出国留学、回国服务规模双增长》，2018 年 3 月 30 日，见 http://www.moe.gov.cn/jyb_xwfb/gzdt_gzdt/s5987/201803/t20180329_331771.html。

破的研究论文和报告。

2. SCI 论文

SCI 为 Science Citation Index 的缩写，意为"科学引文索引"，是一种综合性的科学技术检索工具，由美国科学信息研究所（Institute for Scientific Information, ISI）出版，是世界著名的期刊文献检索工具。SCI 收录全世界出版的数、理、化、农、林、水、医、生命科学、天文、地理等各自然科学的核心期刊 3200 种左右。它的收录范围是根据"加菲尔德文献集中定律"确定的，即认为在几万种科技期刊中，核心期刊不过 1000 种，甚至还可能不足 500 种。因此，他们认为把收录期刊数量定在 3000 种之内，已经大大超过核心期刊的数量，足以把重要的科技文章包括在内。ISI 通过其严格的选刊标准和评估程序筛选刊源，每年略有增减，从而做到 SCI 收录的文献能全面覆盖全世界最重要和最有影响力的研究成果。

3. 发明专利

发明专利是指对产品、方法或其改进提出的新的技术方案，是受专利法保护的三种专利类型之一，而且其法律状态最为稳定、技术价值最高。发明专利可以分为产品发明和方法发明。产品发明是指一项以物质形式出现的发明，如机器、仪表、新材料、新物质等。方法发明是指一项以程序的过程形式出现的发明，如产品的制造加工工艺、产品的使用方法等。

第二节　中国原始创新投入水平的基本状况分析

由于国家对农业科技发展的高度重视，尤其是在科学技术是第一生产力思想的指导下，在国家创新工程的推动下，更加重视原始创新的投入，具体表现为在科研经费的资助、人才资助、研究平台建设、国际交流与合作活动的资助力度与广度方面均有大幅度的提升。

一、科研经费的资助渠道日趋拓展

原始创新研究是一项耗时长并且风险性非常大的科学研究工作，往往需要不断地试错才能得到结果，有时即使投入大量的经费也难以取得成果，因此，大量的科研经费是开展原始创新研究的重要保障，离开了经费的支持，原始创新研究也就难以进行。随着对原始创新关注程度的日益提高，中国对于原始创新的经费投入的力度也逐年增加，渠道也不断拓展。

（一）设立国家自然科学基金

20 世纪 80 年代初，国务院批准成立国家自然科学基金委员会。自然科学基金侧重于支持原始创新性的科学研究工作，主要包括科研项目资助和科研人才的资助两大部分。项目资助力度按属于面上项目、重点项目、重大项目等不同的层次而给予不同的资金支持。人才资助主要是通过实施吸引与培养优秀青年科技人才战略，设置了由国家基础科学人才培养基金、青年科学基金、国家杰出青年科学基金、创新研究群体科学基金构成的比较完整的人才培养资助体系。在基金支持力度上逐年增长，从 1986 年的 8000 万元已增长到 2016 年的 268.03 亿元（见图 3-2），有效地促进了中国原始创新能力的大幅度提高。

经费（亿元）

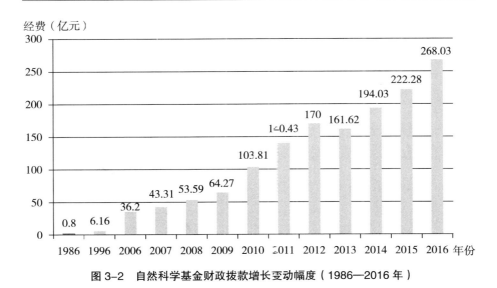

图3-2 自然科学基金财政拨款增长变动幅度（1986—2016年）

资料来源：国家自然科学基金委员会，见 www.nsfc.gov.cn。

（二）设立国家重点基础研究发展规划

1997年6月4日，原国家科技领导小组第三次会议决定要制定和实施《国家重点基础研究发展规划》，随后由科技部组织实施了国家重点基础研究发展计划（即"973"计划）。制定和实施"973"计划的战略目标是加强科技的原始性创新，在更深的层面和更广泛的领域解决国家经济与社会发展中的重大科学问题。"973"计划资助额度呈现递增的态势，从2007年的12.93亿元增加到2016年的29.71亿元（见图3-3）。该项计划的实施提高了中国原始创新能力和解决重大问题的能力，为中国未来科技与经济的快速发展提供了科学支撑。

单位：亿元

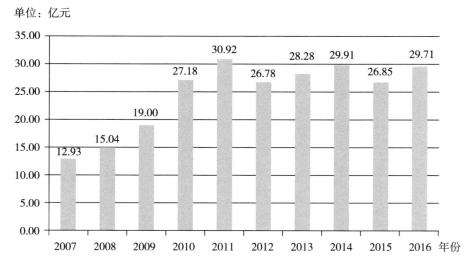

图 3-3　国家重点基础研究发展计划（"973"计划）中央财政拨款（2007—2016 年）

资料来源：国家统计局社会科技和文化产业统计司、科学技术部创新发展司编：《中国科技统计年鉴》，中国统计出版社 2016、2017 年版。

二、资助范围不断拓展

原始创新能力提高的关键因素在于高层次人才的积累，而中国高层次人才严重短缺。为了解决这一问题，中国政府启动了多层次的人才培养基金，不断拓展受资助的人员范围，最大程度为中国原始创新能力的提高奠定良好的人才基础。

（一）设立留学回国基金

为了吸引广大留学人员积极回国，支持他们回国后尽快开展教学和科研工作，充分发挥留学回国人员为中国经济建设作出更大贡献的潜力，教育部设立了留学回国人员科研启动基金，该基金为留学回国人士提供了必要的科研启动经费，使他们在国外学习的知识与技能在国内能够很快地发挥作用。

（二）建立了比较完善的人才培养资助体系

为了吸引与培养优秀青年科技人才更好地开展科研工作，国家自然科学基金委员会先后设立了基础科学人才培养基金、国家杰出青年科学基金等较为完整的人才培养资助体系。其中，国家杰出青年科学基金是于 1994 年设立的，设立该基金的主要目的是培养和吸引一批处于世界前沿的拔尖的青年科学家。为了充分发挥海外科技人才创新的积极性，2005 年，国家自然科学基金委员会又开始启动国家杰出青年科学基金（外籍）资助计划，该计划旨在资助具有较高学术造诣和良好发展潜力的外籍华人青年学者，希望通过这些青年学者在中国内地开展自然科学领域的基础研究，从而带动中国原始创新研究提升到新的台阶。为了稳定地支持原始创新研究，营造有利于开展原始创新研究的良好的科研氛围，培养更多的具有创新能力的科研人才和科研团队，中国设立了创新研究群体科学基金。该基金主要是资助国内以优秀科学家为学术带头人、中青年科学家为骨干的研究群体，支持研究群体围绕某一具有重要意义的研究方向在国内开展原始创新性的科学研究。完善的人才培养资助体系的建立为中国原始创新研究工作的进一步开展奠定了良好的基础。

（三）建立教育部高等学校"高层次创造性人才计划"

为了提高高等学校教师的能力和素质，推进高校人才强校战略的实施，教育部制定了高等学校"高层次创造性人才计划"。该计划的目的是通过构建促进人才能力持续提高的培养体系、构建研发基地，来培养一批在国际上具有影响力的学术带头人，充分发挥青年教师的科研潜力，从而在高等学校取得重大的具有标志性的成果。该计划主要包括三个层次的人才培养与支持体系。第一层次重点实施"长江学者和创新团队发展计划"，培养一批具有国际领先水平的学科带头人，形成优秀的创新团队。第二层次重点实施"新世纪优秀人才支持计划"，培养大批学术基础扎实、具有突出的创新能力和发展潜力的优秀学术带头人。第三层次主要是实施高等学校组织实施"青年骨干教师培养计划"，目的是培养数以万计的青年骨干教师，带动教师队伍整体素质的提升。这三个层次的不同计划，都显示出国家对人才培养尤其是高层次人才和具有创新能力的人才培养的高度重视。

（四）建立研究生教育创新计划

研究生是推动科技原始创新的重要的科研力量，研究生教育是培养从事原始创新研究高层次人才的重要途径，因此在科技原始创新中具有举足轻重的地位和作用。为了提高研究生的质量，特别是博士生原始创新的意识和原始创新的能力，2002 年，教育部提出了研究生教育创新计划，该计划通过加强研究生培养基地的建设和培养条件的改善，促进优质资源共享，促使研究生创新能力与创新意识的不断增强，为未来中国开展原始性创新科研活动培养高层次创新人才。

三、研究平台的水平不断提升

良好的科研平台是科研人员进行原始创新研究工作的基础，许多原始创新工作要借助于平台的力量才能开展。因此许多国家把建设一流的科学研究基础平台作为国家创新体系建设的重要任务，中国也不断提升研究平台的水平。

1984 年，中国开始实施国家重点实验室计划。国家重点实验室从成立之初就严格定位于前瞻性研究，是科研人员进行原始创新研究的重要基础平台。其发展态势迅猛，数量从 1984 年的 10 个增加到 2016

年的 262 个，研究经费总体呈现递增趋势，从 2007 年的 16 亿元增加到 2016 年的 35.79 亿元（见图 3-4），10 年间增长了 1.24 倍，年均增长幅度达 12.37%。研究领域覆盖了基础研究和应用基础研究的大部分学科。这些重点实验室的建立和发展有效地促进了中国原始创新研究的整体部署和协调发展。

单位：亿元

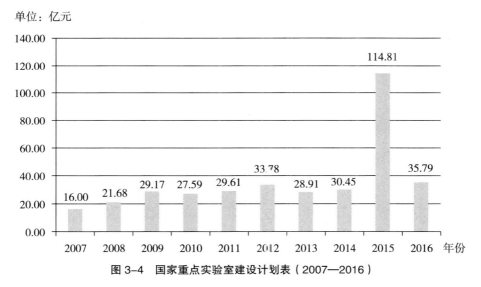

图 3-4 国家重点实验室建设计划表（2007—2016）

资料来源：国家统计局社会科技和文化产业统计司、科学技术部创新发展司编：《中国科技统计年鉴》，中国统计出版社 2016、2017 年版。

国家重点实验室从最初设置到目前为止，已产生了众多的有国际先进水平的科技成果，并已经成为中国原始创新性研究水平的代表。如承担的国家课题占有较高的比例，有 70% 的国家重点实验室承担了"973"计划项目。与此相适应，国家重点实验室的科研产出也非常多而且呈现大幅度递增之势，发表论文数量由 1999 年的 14360 篇，[①] 增加

_____

① 刘炳灿：《国家重点实验室建设的回顾和展望》，《中国高校与产业化》2005 年第 11 期。

到 2016 年的 63509 篇，^① 年均增长率达 19.01%。与此同时，还连年在《自然》和《科学》等国际具有影响力的著名刊物上发表出了高水平的科学论文，大大提高了中国的国际学术声誉。国家重点实验室已经发展成为中国原始性创新研究的重要平台。

为了开展与国家发展密切相关的前瞻性的科技创新活动，中国又在国家重点实验室的基础上，建立国家实验室。国家实验室有更强的实力承担国家重大的科研任务，并且产生具有原始创新和自主知识产权的重大科研成果，为中国经济建设和社会发展提供良好的科技支撑。

四、国际交流与合作活动日益频繁

科学家参与重大的国际合作研究、国际大型研究计划和大科学工程的合作以及派出留学人员是一种较好地通过合作研究加快国内人才培养和国外智力资源利用的方式，对于提高中国原始创新性研究水平和在国际科技领域的显示度具有重要的带动作用。

（一）广泛开展国际合作交流

为鼓励广大科学家广泛参与国际合作与竞争，提高自主创新能力，国家自然科学基金委采取多种措施，努力拓展合作渠道、扩大合作途径、完善资助机制，已经初步建立了多层次、多渠道、全方位的国际合作格局。目前，已与 47 个国家和地区的 86 个科学基金组织和研究机构建立了合作交流关系。^②主要项目类型有：国际（地区）合作研究项目、国际（地区）合作交流项目和外国青年学者研究基金项目等，为

---

① 国家统计局社会科技和文化产业统计司、科学技术部创新发展司编：《中国科技统计年鉴 2017》，中国统计出版社 2017 年版。

② 国家自然科学基金委：《国际（地区）合作项目专栏》，见 http://www.nsfc.gov.cn/publish/portal2/tab195/。

促进双方在自然科学领域内开展合作与交流创造了有利条件。

（二）资助科研人员公费留学

为加强包括科学技术在内的高层次人才的培养，促进中国与世界在科学技术方面的交流与合作，中国在全国范围内选拔各类优秀人才出国留学，这种做法大大地开拓了科研人员的科研视野，提高了科研水平。

通过以上政策的制定可以看出，中国原始创新在科技自主创新中的地位不断提高。

第三节　中国原始创新产出能力日益提高

随着中国政府对于原始创新研究的日益重视，支持力度日益加强，中国原始创新的成果数量也不断增加。

一、科技论文数量大幅度增加，质量明显提升

科技论文是原始创新的一个重要体现形式。近年来，中国科技论文的发表数量增长迅速，质量明显提高。

（一）科技论文数量迅猛增长

国外主要检索工具收录的中国论文[①]总数量从 1995 年的 2.6 万篇增加到 2015 年的 55.7 万篇，20 年间增长了 20.42 倍，年均增长 97.25%（见图 3-5）。国外主要检索工具收录中国论文总数量在世界上的位次也不断提高。其中，《SCI》收录论文数量 1995 年排名第 15 位，2008 年上升到第 2 位并一直保持该位置；工程索引收录论文数量 1995 年排名第

① 指被 SCI、EI 和 CPCI-S 收录的论文。

7 位，2007 年上升到第 1 位并一直保持该位置；科学会议录引文索引数量 1995 年排名第 10 位，2007 年上升到第 2 位并一直保持该位置（见表 3-3）。充分显示了中国科技原始创新能力不断提高。

表 3-3　国外主要检索工具收录中国论文总数量在世界上的位次变化情况（1995—2015 年）

	1995	2000	2005	2007	2008	2009	2010	2011	2012	2013	2014	2015
SCI	15	8	5	3	2	2	2	2	2	2	2	2
工程索引 EI	7	3	2	1	1	1	1	1	1	1	1	1
科学会议录引文索引 CPCI-S	10	8	5	2	2	2	2	2	2	2	2	2

　　资料来源：国家统计局社会科技和文化产业统计司、科学技术部创新发展司编：《中国科技统计年鉴》，中国统计出版社 2016、2017 年版。

单位：万篇

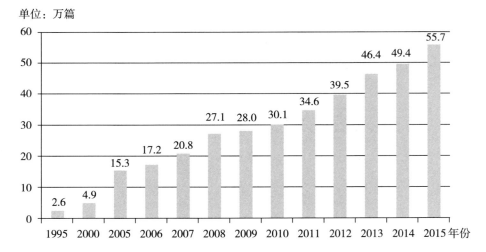

图 3-5　国外主要检索工具收录中国论文总数量变化情况（2005—2015 年）

　　注：论文包含中国香港、中国澳门数据。
　　资料来源：中华人民共和国科学技术部：《中国科技统计数据》2012—2015，见 www.sts.org.cn；国家统计局社会科技和文化产业统计司、科学技术部创新发展司编：《中国科技统计年鉴 2017》，中国统计出版社 2017 年版。

（二）科技论文质量快速提升

被引论文次数是反映论文质量高低的重要指标，论文被引次数越多，表明论文的影响越大，科技论文质量越高。随着 SCI 收录数量的逐年增加，论文被引用次数不断增长。2001—2010 年 10 年段，SCI 收录的中国科技论文的被引用次数为 361.05 万次，到 2006—2015 年的 10 年段则增加到 1424.90 万次，增长了 2.95 倍。论文的影响也从 2001—2010 年 10 年段的 5.27 增加到 2006—2015 年 10 年段的 8.91（见表 3-4），提高了 69.07%。

表 3-4　SCI 收录的中国科技论文 10 年滚动被引用情况表（2001—2015）

单位：篇

	2001—2010	2002—2011	2003—2012	2004—2013	2005—2014	2006—2015
收录论文数	685528	803463	935439	1102007	1089964	1599251
被引用次数	3610501	5095534	6147148	8180753	8614382	14249025
论文影响	5.27	6.34	6.57	7.42	7.90	8.91

资料来源：国家统计局社会科技和文化产业统计司、科学技术部创新发展司编：《中国科技统计年鉴 2017》，中国统计出版社 2017 年版。

二、发明专利的申请数量与授权量逐年增加

发明专利是衡量原始创新成果的重要指标之一。随着知识产权观念的日益增强，中国科研人员和相关单位越来越重视发明专利的申请，申请受理数量从 1995 年的 2.2 万件增加到了 2016 年的 133.9 万件，年均增长 21.6%。随着申请受理数量的大幅度增加，发明专利的授权数量也呈现明显的增长趋势，从 1995 年的 0.3 万件增加到了 2016 年的 40.4 万件，年均增长 26.8%（见图 3-6）。

单位：万件

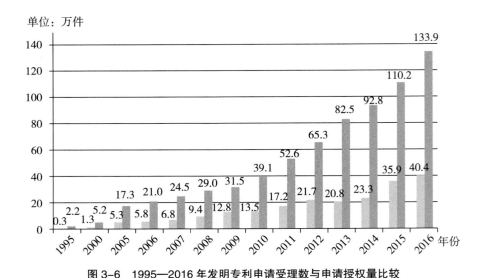

图 3-6　1995—2016 年发明专利申请受理数与申请授权量比较

资料来源：中华人民共和国科学技术部：《中国科技统计资料汇编》2013—2015 年，见 www.sts.org.cn；国家统计局社会科技和文化产业统计司、科学技术部创新发展司编：《中国科技统计年鉴 2017》，中国统计出版社 2017 年版。

三、农作物品种培育进展显著

农作物品种培育是农业科技原始创新的重要表现形式，中国高度重视农作物品种的培育研究，通过多种项目形式的支持，中国在超级水稻育种理论与新品种选育、小麦细胞工程技术育种等方面取得了重大突破。仅通过"优质超高产农作物新品种培育"重大项目的实施，就已有 655 个新品种通过审定，其中 262 个新品种有重大的应用前景。[①]除此以外，还有一部分成果在世界上产生了重要影响。四川农业大学水稻研究所长期坚持开展水稻育种研究工作，成功地育成一大批优质高产新品种，成果多次获得国家奖励，"籼亚种内品种间杂交培育雄性

---

① 《科技部召开新闻通气会介绍农村科技工作有关情况》，2006 年 12 月 22 日，见 http://www.gov.cn/gzdt/2006-12/22/content_475747.htm。

不育系的方法及冈·D 型杂交稻"于 1988 年获国家发明一等奖，该成果在世界上首创"籼亚种内品种间杂交培育雄性不育系的方法及冈·D 型杂交稻"，运用该方法克服了过去的一些缺点，先后育成了多种强优组合，组合中的"大穗型高配合力冈 46A 不育系"又获得国家科技进步二等奖，D 优 63 获得四川省科技进步特等奖，冈优 22 获得四川省科技进步一等奖。而且冈·D 型杂交稻已在全国 15 个省市和东南亚国家推广应用，取得了重大的经济效益和社会效益。[1] 华中农业大学傅廷栋院士于 1972 年首次发现油菜波里马细胞质雄性不育（Pol cms），被认为是"国际上第一个有实用价值的油菜雄性不育类型"，该研究对世界油菜业的发展作出了突出的贡献。1985—1994 年，各国审定并注明不育胞质来源的 17 个油菜三系杂种，其中就有 13 个是 Pol cms 杂种。[2] 另外据 2001 年"美国油菜种子信息"公布，当年美国种植的油菜（面积约 1000 万亩）品种中，有 61% 是 Pol cms 杂交种。[3]

四、人才引进工作成效显著

在国家留学方针的指导下，从 20 世纪 90 年代初开始，中国加大了海外留学人员回国服务和为国服务的工作力度，这项工作取得了显著成效。党的十八大以来，"千人计划"引进海外高层次人才 6074 人，"长江学者奖励计划"引进 1094 人。目前，我国 70% 以上的高水平大学校长、80% 以上的两院院士、90% 以上的长江学者入选者，都有海外学

---

[1]　中国经济网：《西南大学转基因研究结硕果》，2006 年 12 月 22 日，见 http://www.ce.cn/cysc/main/nongy/kjtg/200612/26/t20061226_9884092.shtml。

[2]　陆琦：《傅廷栋院士：油菜地里的守望》，2017 年 11 月 24 日，见 http://news.sciencenet.cn/htmlnews/2017/11/395042.shtm。

[3]　中国作物学会，见 http://www.chinacrops.org/zwx/yuanshi/5ftd.htm。

习或工作经历。[①] 这种以人才质量为衡量指标的数据说明，政府对创新性人才的吸引所采取的许多措施，取得了明显的效果。

第四节　中国科技原始创新面临的挑战

虽然中国在原始创新方面的投入力度不断加强，产出也取得了较为瞩目的成绩，但在原始创新方面的未来发展中，所面临的挑战也与日俱增。

一、高度重视原始创新已经上升为各个国家的重要战略

在经济全球化发展快速推进的背景下，国家之间的竞争力将越来越激烈，谁占领了制高点，谁就抢占了竞争的主动权，也就拥有了影响他人的话语权。而当今竞争的核心就是高新技术，尤其是具有原始创新价值的高新技术。为此，世界各国（地区）的政治领导者和企业决策者们都充分意识到，只有原始创新才能够在全球化的趋势下保持经济的快速发展和政治的良好稳定，才能够保持本国的相对独立性，维护自己的传统与特色，才能引领人类科学技术的发展方向，并为人类的发展作出自己的贡献。于是，各种各样的鼓励和支持原始创新的政策与措施在各个国家均纷纷出台，以积极推动各自的原始性创新研究工作。在这种情况下，高新技术领域的原始创新便成了许多国家展开竞争的重要领域。中国农业科技发展与发达国家之间所存在的差距，以及发达国家在原始创新领域所投入的巨大支持力量，意味着对中国的巨大压力和未来发展的巨大挑战，展示了中国必须迎头追赶并且需

---

① 董鲁皖龙：《逾八成留学人员学成后选择回国发展》，《中国教育报》2017年3月2日。

要进行重大的农业科技发展战略的调整。

二、与发达国家相比，中国科研实力与总体水平依然较低

（一）论文发表数量相对较少、引用率偏低

1. 论文发表数量相对较少

中国科技论文发表数量增长势头迅猛，但相对数量还有一定的不足。从基本科学指标数据库（Essential Science Indicators，ESI）来看，2005 年 1 月至 2015 年 4 月 30 日，中国基本科学指标数据库论文数量 1742926 篇，在按基本科学指标数据库论文数量排序中居第二位（见表 3–5），但仅为美国论文数量的 47.27%。

表 3–5　按 ESI 论文数量排序的前 20 个国家或地区

国家（地区）	位次	论文数量（篇）	被引用次数（次）	论文引用率（次/篇）
美国	1	3687391	63143934	17.12
中国	2	1742926	14898454	8.55
德国	3	968336	15076164	15.57
英格兰	4	878899	15006328	17.07
日本	5	807599	9402863	11.64
法国	6	682356	10098359	14.80
加拿大	7	597641	9217186	15.42
意大利	8	577054	8076626	14.00
西班牙	9	496241	6419339	12.94
印度	10	478250	3710262	7.76
澳大利亚	11	467675	6558372	14.02
韩国	12	456242	4187681	9.18
巴西	13	352455	2645679	7.51
荷兰	14	343657	6311767	18.37
俄罗斯	15	299670	1737229	5.80

国家（地区）	位次	论文数量（篇）	被引用次数（次）	论文引用率（次/篇）
中国台湾	16	256642	2412849	9.40
瑞士	17	249897	4864850	19.47
土耳其	18	239280	1563832	6.54
瑞典	19	228091	3761245	16.49
波兰	20	220541	1756235	7.96

注：ESI 为 Essential Science Indicators 缩写，指基本科学指标数据库。年限跨度从 2005 年 1 月至 2015 年 4 月 30 日。

资料来源：国家统计局社会科技和文化产业统计司、科学技术部创新发展司编：《中国科技统计年鉴 2017》，中国统计出版社 2017 年版。

　　此外，在科学界公认的权威刊物《科学》杂志中，2016 年学术论文数量共 149 篇。其中，美国发表论文的篇数高达 96 篇，占总数量的 64.43%；德国发表的篇数位居第二，为 10 篇，占总数量的 6.71%；中国和英国分别发表 6 篇，占总数量的 4.03%（见表 3-6）。反映了与发达国家在最具有影响力的原始创新成果展示的平台上，中国的成果产出绝对数量相对少，比例相对低，依然存在着一定的差距。

表 3-6　《科学》杂志中学术论文数量统计表（2016 年）

第一作者署名国家或地区	篇数
美国	96
德国	10
中国	6
英国	6
法国	5
瑞士	4
以色列	4
日本	3
加拿大	3

第一作者署名国家或地区	篇数
比利时	3
西班牙	2
葡萄牙	1
瑞典	1
奥地利	1
澳大利亚	1
冰岛	1
丹麦	1
荷兰	1
合计	149

资料来源：由《科学》整理得到。

2. 论文引用率偏低

中国论文发表数量逐年增加，但论文的质量还需要不断地提升，论文质量的高低可以用引用次数来反映。2005 年 1 月至 2015 年 4 月 30 日，中国基本科学指标数据库论文被引用次数为 14898454 次，排名为第四位，远低于美国的 63143934 次。从论文的引用率指标来看，中国基本科学指标数据库论文引用率 8.55 次 / 篇，而瑞士论文引用率为 19.47 次 / 篇、丹麦论文引用率为 18.44 次 / 篇、荷兰论文引用率为 18.37 次 / 篇、苏格兰论文引用率为 17.77 次 / 篇、美国论文引用率为 17.12 次 / 篇、英格兰论文引用率为 17.07 次 / 篇（见表 3-7），分别为中国论文引用率的 2.28 倍、2.16 倍、2.15 倍、2.08 倍、2.00 倍和 2.00 倍。

表 3-7　按 ESI 论文被引用次数排序的前 20 个国家或地区

国家（地区）	位次	被引用次数（次）	论文数量（篇）	论文引用率（次/篇）
美国	1	63143934	3687391	17.12
德国	2	15076164	968336	15.57
英格兰	3	15006328	878899	17.07
中国	4	14898454	1742926	8.55
法国	5	10098359	682356	14.80
日本	6	9402863	807599	11.64
加拿大	7	9217186	597641	15.42
意大利	8	8076626	577054	14.00
澳大利亚	9	6558372	467675	14.02
西班牙	10	6419339	496241	12.94
荷兰	11	6311767	343657	18.37
瑞士	12	4864850	249897	19.47
韩国	13	4187681	456242	9.18
瑞典	14	3761245	228091	16.49
印度	15	3710262	478250	7.76
比利时	16	3122299	189077	16.51
巴西	17	2645679	352455	7.51
苏格兰	18	2494238	140392	17.77
丹麦	19	2491240	135126	18.44
中国台湾	20	2412849	256642	9.40

注：ESI 为 Essential Science Indicators 缩写，指基本科学指标数据库。年限跨度从 2005 年 1 月至 2015 年 4 月 30 日。

资料来源：国家统计局社会科技和文化产业统计司、科学技术部创新发展司编：《中国科技统计年鉴 2017》，中国统计出版社 2017 年版。

（二）获国外授权的发明专利数量较少

发明专利是原始创新的重要表现形式，其授权数量的多少，反映了一个国家或者地区在原始创新领域所能够获得的国际认可程度。近年来，中国发明专利申请数量和授权数量均快速增长，但中国在国外获得的授权专利数量明显偏少。以 2015 年美国授权的国外专利为例，美国当年授权的国外专利中，日本占 32.01%，韩国占 11.88%，德国占 10.44%，中国台湾占 7.40%，而中国大陆占美国当年对国外专利授权总量的 5.30%（见图 3-7）。这种情况的存在，均一定程度地反映了中国原始创新的成果产出水平有着较大的上升空间。

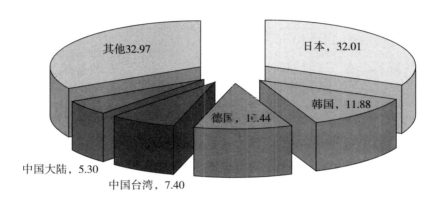

图 3-7 2015 年美国授权的国外专利比例（%）

资料来源：美国专利商标局，见 www.uspto.gov。

三、尖端人才数量依然偏少

人才尤其是尖端人才是一个国家原始创新能力的决定性因素，各国早已意识到原始创新需要大量的尖端人才。洛克塔（Lotka，1920）就提出，虽然全世界从事研究的人员很多，但仅仅是其中一小部分研究人员产生了大量的高水平科研成果。由此反映了尖端人才或者领军人才在原始创新中的突出地位。

（一）各学科领域被引用率最高的科研人员总数

文献引用率反映了该文献对其他从事科学研究人员的影响程度，也说明了文献作者在该知识成果中所付出的原始创新的成分和力度。

根据汤姆森科技信息公司（Thomson Scientific Company）公布的1981—1999年期间各学科领域被引用率最高的研究人员统计数据表明，中国高引用研究人员数量为20人，这20人中，来自香港的研究人员占了15个，来自内地5人，5人中的4人属于科学院系统，1人属于高等院校，而美国高引用研究人员数量为3568人，是中国的178倍。德国221人，日本215人，加拿大162人，法国135人，澳大利亚97人，分别为中国的11倍、10.75倍、8倍、6.75倍、4.85倍。这一数据反映出在国际科学技术领域里中国科研人员的原始创新的影响力度还比较小。

（二）诺贝尔奖人数

如前所述，诺贝尔奖是对那些在科学技术研究领域作出重大贡献的科学家的一种认可，这种贡献不是一般的，而是十分突出的具有原始创新性质并且对许多方面能够产生引导作用的一种创新性的成果，这个奖项是全球基础研究和原始创新水平的重要标杆。从1901年到2016年止，全球共有770人在物理学、化学、生理学/医学以及经济学领域（和平奖除外）获得诺贝尔奖，美国有356人，数量位居第一，英国99人，德国73人，法国、瑞典、瑞士分别为48人、25人、23人，捷克斯洛伐克、南非、印度也分别有2人，中国仅有1位诺贝尔奖获得者。

由以上分析可以看出，虽然中国认识到了尖端人才的重要性，并且采取了各种各样的政策为人才成长创造良好的环境条件，但是人才尤其是尖端人才数量少仍然是中国提高原始创新能力所面临的严峻挑战。

四、投入力度仍然不足

随着中国国内生产总值的不断增长，国家对科学技术的创新发展愈加重视，对研究与发展经费的投入力度持续加大，1995—2015 年间，研究与发展经费投入呈现递增趋势，从 1995 年的 349 亿元增加到 2015 年的研发经费总量为 14170 亿元，已成为仅次于美国的全球第二大研发经费支出国。[①] 研发经费的投入占国内生产总值的比例也呈现递增趋势，从 1995 年占国内生产总值的 0.57% 增加到 2015 年占国内生产总值的 2.06%。即便如此，与美国、日本、德国、法国等发达国家相比，投入的力度还有一定的不足，与发达国家之间还存在着差距。中国研发经费投入的绝对数量高于日本、韩国、德国、比利时、芬兰、瑞典、奥地利、丹麦等国家，但是研发经费投入占国内生产总值的比例却低于甚至远低于这些国家。2015 年，中国投入的研发经费占国内生产总值的比例为 2.06%，韩国为 4.23%，日本为 3.49%，瑞典、奥地利、丹麦、芬兰、比利时则分别为 3.26%、3.07%、2.96%、2.90%、2.45%（见表 3–8）。

表 3–8　各国研发经费支出总额占国内生产总值比例（1995—2015 年）

单位：%

	1995	2000	2005	2006	2007	2008	2009	2010	2011	2012	2013	2014	2015
中国	0.57	0.89	1.31	1.37	1.37	1.44	1.66	1.71	1.78	1.91	1.99	2.02	2.06
美国	2.40	2.62	2.51	2.55	2.63	2.77	2.82	2.74	2.77	2.71	2.74	2.76	2.79
日本	2.66	3.00	3.31	3.41	3.46	3.47	3.36	3.25	3.38	3.34	3.48	3.59	3.49
英国	1.68	1.64	1.57	1.59	1.63	1.64	1.70	1.68	1.68	1.61	1.66	1.68	1.70
法国	2.23	2.08	2.04	2.05	2.02	2.06	2.21	2.18	2.19	2.23	2.24	2.24	2.23

---

① 王慧：《中国成为世界第二大研发支出国》，2012 年 1 月 20 日，见 http://world.people.com. cn/GB/57507/16935525.html。

续表

	1995	2000	2005	2006	2007	2008	2009	2010	2011	2012	2013	2014	2015
德国	2.13	2.39	2.42	2.46	2.45	2.60	2.73	2.71	2.80	2.87	2.82	2.89	2.87
澳大利亚	—	1.48	—	2.00	—	2.25	—	2.19	2.12	—	2.11	—	—
加拿大	1.66	1.86	1.98	1.95	1.91	1.86	1.92	1.84	1.80	1.79	1.68	1.60	—
意大利	0.94	1.01	1.05	1.09	1.13	1.16	1.22	1.22	1.21	1.27	1.31	1.38	1.33
瑞典	3.13	—	3.39	3.50	3.26	3.50	3.45	3.22	3.25	3.28	3.31	3.15	3.26
瑞士	—	2.33				2.73				2.97			
土耳其	0.28	0.48	0.59	0.58	0.72	0.73	0.85	0.84	0.86	0.92	0.94	1.01	
奥地利	1.53	1.89	2.38	2.37	2.43	2.59	2.61	2.74	2.68	2.93	2.97	3.06	3.07
比利时	1.64	1.92	1.78	1.81	1.84	1.92	1.99	2.05	2.16	2.36	2.44	2.46	2.45
捷克	0.88	1.12	1.17	1.23	1.31	1.24	1.30	1.34	1.56	1.78	1.9	1.97	1.95
丹麦	1.79	—	2.39	2.40	2.52	2.77	3.06	2.92	2.94	2.98	2.97	2.92	2.96
芬兰	2.20	3.25	3.33	3.34	3.35	3.55	3.75	3.73	3.64	3.42	3.29	3.17	2.90
希腊	0.42	—	0.58	0.56	0.58	0.66	0.63	0.60	0.67	0.70	0.81	0.84	0.96
冰岛	1.50	2.59	2.71	2.92	2.58	2.52	2.65	—	2.49	—	1.76	2.01	2.19
爱尔兰	1.22	1.08	1.19	1.20	1.23	1.39	1.61	1.60	1.54	1.56	1.56	1.51	—
墨西哥	0.28	0.33	0.40	0.37	0.43	0.47	0.52	0.54	0.52	0.49	0.50	0.54	0.55
荷兰	1.85	1.81	1.79	1.76	1.69	1.64	1.69	1.72	1.90	1.94	1.95	2.00	2.01
新西兰	0.92	—	1.12	—	1.16	—	1.25	—	1.23	—	1.15	—	—
挪威	1.65	—	1.48	1.46	1.56	1.56	1.72	1.65	1.63	1.62	1.65	1.72	1.93
葡萄牙	0.52	0.72	0.76	0.95	1.12	1.45	1.58	1.53	1.46	1.38	1.33	1.29	1.28
西班牙	0.77	0.88	1.10	1.17	1.23	1.32	1.35	1.35	1.33	1.29	1.27	1.24	1.22
韩国	2.20	2.18	2.63	2.83	3.00	3.12	3.29	3.47	3.74	4.03	4.15	4.29	4.23
新加坡	1.10	1.82	2.16	2.13	2.34	2.62	2.16	2.01	2.15	2.00	2.01	2.20	—
匈牙利	0.71	0.79	0.92	0.99	0.96	0.98	1.14	1.15	1.19	1.27	1.39	1.36	1.38
波兰	0.62	0.64	0.56	0.55	0.56	0.60	0.66	0.72	0.75	0.88	0.87	0.94	1.00
俄罗斯联邦	0.80	0.99	1.00	1.01	1.05	0.98	1.17	1.06	1.02	1.05	1.06	1.09	1.13
巴西	0.87	1.00	0.96	0.99	1.08	1.13	1.12	1.16	1.14	1.13	1.2	1.22	—
印度	0.71	0.76	0.81	0.80	0.79	0.92	0.83	0.82	0.85	0.92	0.91	0.82	—

资料来源：国家统计局社会科技和文化产业统计司、科学技术部创新发展司编：《中国科技统计年鉴》，中国统计出版社 2017 年版。

　　从上述的分析中可以明显地看出，政府主导型科技政策极大地推动了中国科技原始创新研究的进程，但是在未来的发展中，这种政府主导型科技政策却存在着许多需要认真思考的方面。农业科技研究是中国众多科技研究领域里相对薄弱的领域，在原始创新问题上，不仅具有与一般领域相吻合的特征，既有成绩，也有成果，但是面对的问题更多，需要应对的挑战也更多。为此，探寻促进创新主体积极性发挥的原始创新管理体制，将对中国农业科研的原始创新产生重大的影响力。

第四章　农业科技原始创新管理体制的
　　　　　缺陷与修正

在政府主导型农业科技政策指导下，尽管中国农业科技的原始创新能力较以前有了较大程度提高，但深入分析，不难发现，在农业科技创新管理体制方面，仍然存在许多尚不完善之处，并制约着农业科技原始创新能力的进一步提高。本章将在对中国科技原始创新管理体制存在的缺陷分析的基础上，有针对性地提出能够有利于促进现有体制完善的政策建议，最后以华中农业大学为案例，分析研究型农业大学科技管理的重点，以期为中国农业科技原始创新的政策制定提供一定的参考。

第一节　农业科技原始创新管理体制的缺陷

在具备良好的科研支撑条件下，中国的原始创新能力与发达国家之间仍然存在着较大的差距，其重要原因在于中国科技管理体制设计与体制运转中存在着尚未完善的地方，而这种不足之处仅靠政府的强制性力量难以取得明显的收效。为此，必须找出制约各个创新主体潜力发挥的不利因素，充分考虑创新主体的客观需要，确立更为科学的激励政策，为提高中国原始创新能力创造良好的环境条件。

一、科学技术评价主体存在行为失范现象

科学技术评价是指对科学技术系统内部各种活动和要素，以及科学技术活动的环境和对外影响所进行的规范的评估活动，是科技管理工作的重要组成部分。科技评价的主要内容包括科技计划评价、研发项目评价、科技人才评价、科技成果评价、科技组织评价、科技政策评价、科技体制评价、科技发展战略评价、科技发展态势评价，以及科学技术对政治、经济、社会发展的影响等。良好的科学技术评价有利于推动国家科技事业的持续健康发展，对促进科技资源优化配置和提高科技管理水平，具有重要意义。

多年来，中国在科学技术评价方面进行了一系列探索，开展了大量卓有成效的工作，积累了许多宝贵的经验，对提高中国科技管理水平起到了积极作用。但由于各种各样的原因，目前，科技评价中的评价主体存在着行为失范，并由此而严重影响到科技项目评价结果的客观公正性，引起科技界的广泛关注，也在一定程度上打击了创新主体进行科技创新的积极性。

（一）评价主体行为失范的具体表现形式

科技评价中评价主体行为失范的表现形式多种多样，但归纳起来大致体现在以下三个方面：

一是评审专家工作繁忙。有些专家尤其是知名专家，往往身兼数职，故工作非常繁忙，因而进行科技评价时，常常未能对评审材料的技术细节、数据以及背景资料等作出仔细审核，因此较难发现部分科技人员的失范行为，这对维护科研尊严和科研秩序，造成了不良的影响。

二是评审专家难以保持一贯客观公正。同行专家之间的评审往往是一种相互评价的活动，出于个人或者所在单位的利益，专家评审时难以客观、公正，因此，科技评价者在科研立项，科技成果的评审、鉴定、验收和奖励等活动中，碍于情面，有时不能如实反映其水平，常常使用"国内先进""国内首创""国际先进""国际领先""填补空白"等抽象的用语，随意冠以"重大科学发现""重大技术发明"或者"重大科技成果"等夸大性用语进行成果的评价。由此导致一些低水平重复、跟踪、仿制性成果的出现，而原始创新性、属自主知识产权的成果以及真正高科技成果却较少。

三是评审专家的学术观点存在倾向性。同行评审制度对于鉴定研究的科学性、消除错误性、对于推动科学的发展起着非常重要的作用，但是，同行评审制度也并不是完全完美的，因为一种创新的思想很难得到同行评审专家的广泛认可，这会导致一些新的思维与创新被扼杀。

（二）评价主体行为失范的经济学分析

要减少或者消除科技评价中评价主体行为失范现象，就需要找出造成这些失范行为的关键因素，本书运用经济学中的"理性经济人"的假定理论，对此进行分析。

在科技评价工作中，关键的因素在于评审者。评审者作为理性的人，其行为基础取决于自身的成本—收益结构，评审者要求自己的收益大于付出的成本。在科技评价中，评审者是所有被评价者的代表，他们有义务用自己被授予的评价权利为这些人谋公利。但与此同时，评审者有亲戚朋友，也有个人利益追求。当这双重身份集于一身的时候，评审者容易模糊两种角色的界限，常常会选择违反对第一种角色的有关约束，用公共权利来谋取个人及小集体的利益，这就是科技评价中评价主体行为失范现象存在的可能性。

如果在条件具备的情况下，可能性就会转变成为现实性。在经济学上有一个基本假定：人是在理性的约束条件下追求自身效用最大化的"经济人"。在分析科技评价者的行为时，这一假定有两层含义：一是评价者追求约束条件下自身效用的最大化。效用是满足人们需要的各种好处。满足这些需要的好处有物质方面的，也有精神方面的。约束条件既包括自身拥有的资源、自身的能力、机会，也包括道德、法律、纪律等。二是评价者是理性的，评价者大体知道从事某一行为的成本与收益，并依据它来判断做这个事情是否合算。一个人只愿意做他认为合算的事情，尽管在有的人看来这样做不合算，但在他看来不那样做坏处更大。对评价者来说，他追求自身效用最大化的方式有两种：一是认真、公正地为被评价者服务，获得良心上的安慰；二是一有机会就用自己的权力为自己谋取利益，这样他就成了不合格的评价者。

评价者究竟选择哪种行为方式，主要取决于内因、外因两个因素：内因是他的思想境界，也就是他对利益的态度，如果是以被评价者的利益为重，境界就高，反之境界就低；外因是各种规则、制度的完善情况。如果制度健全，能够防止评审者走歪路，那么失范行为就少；反之，失范行为就多。

按照"经济人"假定，当事人会在这两个因素的影响下选择两种行为方式中纯收益较大的一种。评审者的行为选择组合有以下四种：一是思想境界高，而且制度健全，这样就不会有科技评价中的失范行为出现；二是思想境界不高，但制度健全，这样也不会有科技评价中的失范行为出现；三是制度不健全，但是思想境界高，也不会有科技评价的失范行为出现；四是思想境界不高，制度不健全，就会有科技评价的失范行为出现。通过以上的分析，从经济学的角度看，科技评价中失范行为出现的原因可被理解为：评价者作为评价权力的使用者，为了实现自身效用的最大化，在进行了成本—收益的比较后实施的一种以公权谋取个人及小集团利益的理性行为。由此可见，失范行为的严重程度与思想境界高度、评价制度的完善程度及落实情况成反比。只要权力使用者的思想境界不高，或制度不健全，科技评价中的失范行为就会存在。

如果每个评价者都遵从纳什均衡，一定会有"寻租"的现象，其供给数量和配置效率就会在一个次优水平，通过经济分析来考察评价者的科技评价在纳什均衡条件下的自愿供给。

设 G_i 表示第 i 个当事人在一定范围内聘请评价者提供评价标准（也就是支出负担），则当事人全体获得的评价结果是：

$$G=G_1+G_2+G_3+\cdots+G_i+G_n$$

每个评价者的效用函数以 $U_i(X_i, G_i)$ 来表示。X_i 是第 i 个评价者所具有的私人物品（学术中的享受、评阅费等）。现在来分析第 i 个评价者承担多少心理负担的自我决策。

其预算约束 $Y_i=P_xX_i+P_gG_i$。最佳数量为 G_i，Y_i 表示其评阅所得，P_x 和 P_g 分别表示心理成本和外在物质成本的价格。在缺乏独立于其他人来决定承担评阅服务供给数量的组织情况下，每一评价者都必须独立于其他评价者，来决定承担多少主观意识而供给评阅结果。在作出这一决策时，可以合理假设，该评价者会把其他评价者所承担的评阅服务负担视为固定的，并且给定所有其他评价者 j 所选择的 G_j 值，那么

第 i 评价者就会选择最大化 U_i 的 G_i 水平来实现个人心理和物质效用的安全最大化。因此他的目标函数是：

$$Q_i = U_i(X_i \cdot G_i) + \lambda(Y_i - P_x X_i - P_g G_i) \tag{4-1}$$

要使目标最大化，由式（4-1）可得：

$$\frac{\partial U_i / \partial G_i}{\partial U_i / \partial X_i} = \frac{P_g}{P_x} \tag{4-2}$$

这是评价者评阅后的效用最大化的条件。根据纳什均衡理论，如果每个评价者都把其他评价人的承担视为给定的，那么他们就会将评阅对象视为私人物品来供给。

接下来，可以进一步假设 U_i 是柯布—道格拉斯效用函数的特例，即 $U_i = X_i^\alpha G^\beta$（$0<\alpha<1$，$0<\beta<1$）。在这种假设下，方程（4-2）变为：

$$\frac{\beta X_i^\alpha G^{\beta-1}}{\alpha X_i^{\alpha-1} G^\beta} = \frac{P_g}{P_x} \text{，则 } G = \frac{P_x}{P_g} \times \frac{\beta}{\alpha} \times X_i$$

代入式（4-1）和预算约束得：

$$G_i = -\frac{\alpha}{\alpha+\beta} \sum_{j=1}^{n-1} G_j + \frac{\beta}{\alpha+\beta} \times \frac{Y_i}{P_g} \tag{4-3}$$

方程（4-3）意味着，第 i 评价者认为其他评价者 j 会承担评阅责任的负担越大，而其自愿承担的评阅责任就会越小，反之也成立。因此，说明当事人向评价者购买科技评价的结果时，每个评价者都会产生以自身支出的减少而增加他人支出的想法，为了避免"寻租"现象发生，需要了解每个评价者的心理需求及物质需求。

在实际科技评价制度中，评价者为失范的行为所付出的成本很小，其主要包括心理成本与惩罚成本。作为评价者来讲，即使有一些不公正之处，也不易被发现，而且即使被发现了，也毕竟不是见不得人的事情，事情过后不仅不会担心被别人发现，而且还会有人感谢，因此，评价者就很少有内心的思想斗争，这样评价者的心理成本就会很小；评价者的失范行为即使被发现后，往往也不会受到纪律处分、名誉处分等惩罚，甚至舆论谴责也很少。

由此可见，评价者在科技评价中失范行为的成本代价很低甚至为零，并且还会得到一些好处。如报酬会得到提高：科技评审的酬金偏低，专家们评审一份材料往往只能得到少量的评审报酬，这些收益大大低于专家们所付出的劳动，而上述不客观的评价虽然会损害"公共利益"，但是为评阅者个人会带来种种收益，如熟人间的"人情"、相互评阅的"互惠"，抑制学术上的竞争者，不劳而获的"物质收益"等；除报酬提高以外，评价者的虚荣心也会得到很大的满足，如被评价者会围着评价者转，说评价者爱听的话，做让评价者顺心的事，以满足评价者的虚荣心。

而评价者如果采用公正的评价行为，那么其成本至少有以下两项：努力成本和压力成本。努力成本是指评价者要认真地评价，必须要深入思考，花费更多的时间和精力；压力成本是指评价者除了要受到其他一些人员的讽刺、冷落等，还要受到来自家庭亲朋的压力，亲朋好友怪评价者不够意思等。然而评价者公正认真评价行为的收益仅仅是心理的坦然。

由以上分析可以得知，造成科技评价中失范行为存在的主要原因在于机制设计上的缺陷。主要表现为四个方面：

其一是缺乏比较完善的约束机制。由于科技评价对评价者本身缺乏约束机制或者约束机制不健全，使得评审者付出的成本较小，而获得的相对收益较高。此外，尽管科技评价中评价主体进入的门槛较高，然而评审者进入以后，几乎就没有相应的约束制度，也没有相关的淘汰或者退出制度，导致他们的不端行为极易发生。其二是评审者的正常报酬较低。一个评价者公正认真评价的结果是正常报酬水平很低。然而失范行为的结果却提高了报酬水平。其三是对评价主体的监督力度及其有效性不足。怎样监督有失范行为的评价者；谁来保护监督者手中的监督权力；谁来保证评价工作的公正性，监督者的行为就一定是表率的吗？这些问题还难以得到有效解决。其四是相关制度执行有一定缺陷。中国是一个非常讲究人情的国家，制度的执行往往会受到关系网的影响，使得评价中失范行为被查处的概率不高。同时制度、规则的制定还缺乏严密的科学性论证和技术设计，规定过于抽象，操作性不强，可随意解释的程度较大。所有这些都为一些评价者行为失范提供了空间，也为他们在监督执行方面留下了余地。

通过以上分析，可以认为科技评价中评价主体行为失范是评价者们"经济理性"的表现，是有关制度安排的不合理与不完善，将他们的理性行为引入了歧途。而正是由于科技评价中的失范行为的存在，影响了原本就有限的科研经费的使用效率，不利于中国原始创新成果的形成。

二、侧重于个人成效评估的管理体制不利于科研团队的建立

（一）科研团队在原始创新中的重要地位

原始创新能力的高低与其主体——科研人员潜力的发挥是紧密联系在一起的。可以说，科研人员能力的充分发挥与否决定了一个国家科技乃至经济的发展程度。因此，尊重科研人员、为科研人员创造良好条件让其发挥最大潜能早已引起许多国家的高度重视。然而，随着科

学研究的日益复杂化，一项科学研究尤其是原始性创新方面的研究只靠一个人或者少数几个人的力量是很难完成的，特别是要取得较大的突破性研究是很难的，常常需要依赖于一个强大的科研团队。这可以从相关国际最顶级的权威杂志的论文作者的数量中窥见一斑。本书对 2016 年《科学》（SCIENCE）中学术论文（RESEARCH ARTICLES）的作者数量、署名国家或地区以及署名单位的数量进行了统计整理，结果证实了这一观点。在 2016 年的《科学》杂志中共有 149 篇学术论文，署名的作者数量从 1 人至 84 人不等，其中署名 10 个以上作者的论文数量为 74 篇，占总数量的 49.66%，署名 4 个以上作者的论文数量为 139 篇，占总数量的 93.29%。同样，在 149 篇论文中，署名的国家或地区数量最多的达到了 29 个，署名国家或地区在 2 个以上的论文数量为 78 篇，占总数量的 52.35%；在 149 篇学术论文中，署名最多的单位数量达到了 91 个，其中署名 2 个以上单位的有 136 篇，占总数的 91.28%。以上分析在一定程度上可以说明团队的力量是取得原始性创新的重要条件。科研团队如此重要，也就提出了一个关键问题，即如何充分发挥科研团队原始创新的能力？

（二）现有管理体制对科研团队作用发挥具有抑制作用

科研团队是由研究方向或者研究领域大致相同的多个科研人员组成的，因此，发挥科研团队的整体合力也就首先面临着如何充分调动每个科研人员积极性，使整个科研团队的合力最大的问题。本书将利用简单的博弈分析方法来分析科研人员与科研团队之间存在的矛盾之处，从而试图将二者的利益整合到共同目标上，以调动二者的积极性，充分发挥其在原始创新过程中的能力。

本书构建一个博弈框架来分析现行政策下科研人员与科研团队之

间的利益关系。在构建博弈框架之前，根据经济学、管理学理论以及实际观察作出以下假设：即从事原始创新研究的科研人员具有双重目标：一是假设科研人员具有经济人的理性特征，即科研人员在一切活动中的行为都是合乎所谓的理性的，都是力图以最小的经济代价去追逐和获得最大的经济利益；二是作为从事原始创新性研究的科研人员同时又追求自我价值，是"自我实现的人"，他们不仅仅满足于基本生活需要的满足，而是更希望能够最大限度地发挥自己所具有的潜在能力，在自己所追求的事业上有所建树。

现实工作中，科研人员既是所在单位的职工，同时也是科研团队中的一员。作为单位的职工，科研人员首先要遵从所在单位的规定，只有这样，他（她）才能得到自己作为"经济人"的追求也即才能满足自己的基本生活需求。作为团队中的成员，他（她）又要尽量服从于整个团队的需要，唯有如此，才能在事业上取得更大的成绩。但是目前的情况却是：科研单位制定的政策与科研团队的目标有矛盾之处，比如不少科研单位制定的政策往往是根据科研人员的成果（如发表学术论文、主持项目等）进行奖励和评定职称的，而很少是对整个团队进行奖励的。个人如果作为主持人获得某一项国家级项目的资助，那么他会得到所在单位的相应的奖励，对于其职称的晋升也大有帮助。然而对于一个团队来说，如何组织一个项目尤其是一些重大项目的申报，由谁来主持，谁作为参加者都需要从项目的方向、人员的能力与研究方向等多个角度进行权衡考虑，这就导致在这种情况下的科研人员与团队之间出现很大的不一致。如果此时团队的内聚力很低，那么团队的原始创新能力必定会大打折扣。此时即使项目申报成功，后期的研究工作也会受到一定程度的影响。因此，科研人员出于对自己切身利益的考虑，往往会造成个人目标与团队目标的不一致。

设 U_i 表示第 i 个科研人员在一定时期内追求的人生目标，X_1 表示该科研人员主持的项目数，X_2 表示该科研人员发表的有影响力的论文数量，X_3 表示该科研人员获得国家级奖励的成果数，X_4 表示该科研人员发明专利授权的数量等变量。科研人员在一定时期内追求的目标是个人价值最大化，即在一定时期内主持的项目数最多，发表的有影响的论文数最多，获得的国家奖数量最多，获得的发明专利授权数量最大等，但这些人生目标的实现前提是其最基本的物质需求能够得到保障，用 I 表示科研人员的收入，因此，可以用公式 $U_i=(X_1, X_2, X_3, X_4\cdots)$ 表示每个科研人员的目标函数。其预算约束为收入 I 最大。

设第 i 个科研人员为某科研团队的成员，令 U_g 表示该团队在一定时期内追求的目标，Y_1 表示团队主持的项目数，Y_2 表示团队发表的有影响力的论文数量，Y_3 表示团队获得国家级奖励的成果数，Y_4 表示团队发明专利授权的数量等变量。科研团队在一定时期内追求的目标是整个团队的价值最大化，即在一定时期内整个团队主持的项目数最多，团队发表的有影响的论文数最多，团队获得的国家奖数量最多，团队获得的发明专利授权数量最大等，但这些团队目标的实现有赖于团队成员潜力能够得到最大程度的发挥，用 G 表示团队成员的潜力，因此，可以用公式 $U_g=(Y_1, Y_2, Y_3, Y_4\cdots)$ 表示科研团队的目标函数，其约束条件为表示团队成员的潜力 G 最大。

如果科研人员和科研团队目标一致，就能够为团队的创新能力带来更大的提高。而这有赖制定良好的政策促进二者目标的一致性。除了与二者目标有关之外，科技创新能力的提高与否、提高程度等方面则与科研团队的内聚力存在密切关系。所谓科研团队的内聚力（Group

Cohesiveness）是指科研团队的成员相互吸引共同参与团队目标的程度。成员之间的相互吸引力越强，团队目标与成员个人目标越一致，就说明这个群体的内聚力程度越高。斯蒂芬·P. 罗宾斯研究得出，在一般情况下，高内聚力团队的工作效率胜过低内聚力团队。一个团队的内聚力越高，成员越会遵从团队设立的目标。如果这些目标是有利的，这个高内聚力团队的生产效率就会比低内聚力团队高出许多。

用特殊表格将科研人员与科研团队的博弈关系表示出来如表 4-1 所示。

由上述分析中可知，目前侧重于个人成效评估的管理体制，在一定程度上影响了团队能力的最大程度发挥，由此也直接制约了基于团队合作下的原始创新能力的进一步提高。

表 4-1　科研人员与科研团队的博弈

		团队内聚力	
		高	低
个人目标与团队目标	一致	原始创新能力大幅度提高	原始创新能力中等提高
	不一致	原始创新能力降低	对原始创新能力无明显影响

三、缺乏良好的科研氛围

科技创新需要多方面的条件，其中起决定作用的是科技人员的自身能力，也就是科技人员进行科研工作的科学精神、科学思想、科学知识和科学方法。科学精神是科研人员进行科技创新的根本动力源泉，只有具备了科学精神，科研人员才能产生追求真理的理性和创新的意识，对科学研究产生兴趣，也才可能为科研的成功奠定基础；科学思想是科技创新的灵魂，只有具备了科学思想，才能够不断学习、借鉴别人的新观点，取得创新；科学知识是科技创新的内在基础，只有具备了扎实的、有一定深度和广度的科学知识，才能够实现创新；科学方法是创新的武器，只有掌握了科学方法，科研人员才能够揭示客观世界奥秘、获得新知识和探索真理。

科技人员这些能力的充分发挥是需要良好的外界环境来推动的，尤其对于中国来说，在目前研究工作物质条件还相对不足的情况下，就更需要克服困难，需要通过良好的科研氛围的营造，如人才成长的环境、健康的学术交流与学术争论环境等，将科技人员的这些能力最大限度地发挥出来，最终不断推动新思想、新思维和新科技的产生。然而，现实社会中，中国缺乏原始创新所需要的良好科研氛围。主要表现在三个方面：

一是内部的凝聚机制不完善，缺乏原始创新研究的制度保证。当今社会的新学科、新知识在加速增长，信息量剧增，每个人所掌握的知识都是极片面的，掌握知识不仅要注意深度，还要尽量拓展其广度，事实上，各学科之间的交流合作不仅能开阔眼界，而且常可以从中得到某些启示。原始创新的主体——科研院所尤其是高等学校具有学科综合、人才集中、新生力量不断、学术环境比较自由宽松等所特有的优势，但是这些优势在中国现有的环境下却很难整合起来。其内在原因在于缺乏有效的调控手段和凝聚机制，使得科研单位与科研单位之间、科研单位内部之间、实验室之间以及研究人员之间合作交流不够，队伍整合比较困难，不易形成合力。科研单位科技人员的巨大优势难以进一步优化配置，导致科研潜力难以最大程度发挥。在很多科研单位，职称、待遇与成果挂钩的考核体系和分配机制，在一定程度上压缩了探索性研究的空间。人们常用"十年磨一剑"来形容科技创新的艰难，但社会和有关部门对此理念缺乏宽容度。一些科技人员也失去了"十年磨一剑"的坚韧性，有的东拼西凑，不时弄点小成果应付考核和舆论；有的忙于赶会场、填表格、写申请、报材料，真正做实验和搞研究的时间越来越少。一些科技人员较多地顾及现实的可行性和接受的可能性，因而造成精神和行为的平庸，消解了重大创新必须具备的冒险精神和群体合作精神，降低了科技创新的能级。

二是科技资源共享机制尚未建立。在信息化的社会里，科技资源作为一种重要的信息资源对科学技术的发展至关重要，但长期以来，资源共享一直困扰着中国科技界，其中，对科技文献、科学数据、自然科技资源、大型仪器设备、信息网络等方面共享环境建设的反响尤为强烈。科技资源不能共享造成了国家投资的巨大浪费，科技领域的重复建设问题较为严重。如北京某著名大学，两个系只是一路之隔，却各建了一个 NOAA 卫星数据接收站；如长春市 2000 年就已有 4 个 NOAA 接收站，建一个这样的接收站经费在 10 万美元到 100 万美元之间。而且，现有仪器设备的效益没有得到充分发挥。2002 年，教育部直属高校中，40 万元以上仪器设备处于良好状态的占 33.5%，约 2/3 的仪器设备的使用效益还有待提高，综合效益不合格的设备达 37.8%，占 1/3 以上。[1]国家科技资源不能共享成为阻碍科技创新的壁垒，而且科技资源不能共享在相当程度上制约了中国科研水平的提高。由于共享问题没有很好解决，导致部门或科研人员群体之间的数据、资料不能有效沟通，影响了科研水平的提高。然而，国外学者却利用其资金优势与中国不同单位分别开展合作，在其研究领域中获取了比国内学者更为全面的数据、资料，使其对一些重要科学问题的研究比国内学者

———————————

[1] 张琪瑶：《资源不共享成为一道阻碍科技进展的巨大壁垒》，《科学时报》2003 年 11 月 5 日。

更有发言权。

三是对国际交流合作重要性认识不足，导致原始创新成果产出缺乏意识保证。在国际合作与交流方面，国内许多科研单位大多还停留在一般性人员交流和学术互访阶段，参与国际大型科学项目合作研究，特别是与世界著名研究型大学的深层次合作有待进一步提高。在一些国际战略高科技前沿领域，缺乏明确的国际合作目标。这不仅不利于中国科研人员及时把握国际高水平科学研究的最新动态，而且在科技创新速度不断加快的今天，有可能使中国与发达国家之间的水平差距进一步拉大。

与此同时，在科研氛围上，良好的求同存异和相互包容以及勇于钻研前沿问题精神的缺乏，也在一定程度上制约了中国原始创新能力的提高。

四、项目（课题）主管部门指派任务多

每年年底、年初是不少上级部门下达科技统计、项目调查等任务的高峰期，如国家级课题（项目）需要填写国家级课题（项目）调查表，省市级课题（项目）填写省市级课题（项目）调查表等。而且有些项目主管部门已经或者正在着手将调查任务的完成情况作为对课题（项目）依托单位的考核指标。这些调查表或者统计表一般要求填写项目名称、研究人员在一个项目上所投入的时间、经费等。为了圆满地完成上级指定的工作任务，科研人员都要将大量的时间花费在计算工作量、计算产出、填写表格等一些繁琐的工作之中。但即便如此，有很多填写的数据还是值得商榷的。比如一个学术带头人主持、参加多个课题（项目）的研究工作，他今天也许召开课题组会议，将其中一个

课题进行了分工协作并讨论了进展，但明天也许就开始着手另外一个项目的研究工作，这样一来，他又如何能够将自己花费在每个课题（项目）上的时间进行准确的统计呢？

另外一个问题也是经常遇到的，即随着科技管理的改进，越发强调专家对于各种课题（项目）的申请书、报奖成果等进行评审，因此不同的管理部门需要掌握包括全国、全省等不同层次的专家信息，以便需要时及时从数据库中提取，这本无可非议，但是现在却由于不同的部门各自分管一块，所需的专家库内容也常有出入，而且随着时间的推进，每年几乎都有一定的专家信息发生变更，比如专家因调离、退休、病故等多种原因导致数据库需要时常更新。因此，不同的数据库需要专家提供不同的最新信息，这样也会在一定程度上影响科研人员的情绪和科研进展。

由此可见，一些来自上级部门的繁琐任务既浪费了科技人员大量的时间，又未必能够取得理想的效果。

第二节　农业科技原始创新管理体制探索

针对影响中国原始创新能力提高的不利因素，根据现实国情，逐步建立起能够促进原始创新能力提高的科技管理体制，校正以往的不足之处，将显得尤为重要。

一、建立科学技术评价的信誉机制与约束机制

从目前的现实情况来看，管理部门必须首先建立健全外部机制，也就是要开正门堵歪门。具体措施有以下几点：一是对评价者的资格

设置一定标准，形成评审市场的准入机制以及退出机制，使评审资格成为一种社会荣誉。而对于长期未能作出客观评价的评议者，取消其评审资格。二是建立证伪机构与基金。现有的科研活动都是支持"证明"和"可行性研究"的，其结果必然出现偏差。今后选择已鉴定的成果与科学结论，进行"不可行性论证""证伪"性复核，从而使信誉机制本身的信誉有了制度保障与经济支撑。三是引入学术争鸣与批判制度。举办专门的杂志或专栏，通过学术期刊的学术争鸣，给予被否定成果展示的机会，以免有创新的成果被埋没。四是建立评价者的评价信用记录制度并予以公开。由于评审者的主要活动是在相应的专业领域内进行的，而建立评价者的评审历史的记录，以及相关的误判情况，可以发挥信誉激励机制的作用。五是适当提高科技成果评审的酬金。较高的评价酬金既是对严格审查及承担风险的报酬，也是不良评价者失去评审资格的成本，这样有利于从物质方面促使评价者摒弃不良行为。

二、构造有利于凝聚力量和发挥潜能的科研团队

要充分发挥科研团队原始创新能力，最为重要的一点就是要解决好科研团队中科研人员的问题，使科研人员目标与团队的目标尽量一致，团队的内聚力尽可能高。为此，也就要求科研单位在改变现行不利于发挥科研团队整体合力政策措施的同时，既要制定一个有利于科研人员发挥自身潜力的诱导机制，也要出台有利于整个科研团队合力发挥的保障性政策，通过两者主体目标的共同达成，促使科研团队力量的充分发挥。

三、建立健全以自主创新为宗旨的管理机制

即围绕着减少科研人员非科研时间的占用，确保科研人员有充足的时间投入到科学研究中；高度重视科技管理队伍的建设，确保科技管理人员有一定的时间思考科技管理的改进问题。具体的措施是：简化统计内容，做到数据共享。面对科研人员宝贵的时间，任何部门、任何人员都应该意识到自己没有权利浪费他们的时间。但是考虑到有些管理性的工作又是必需的，多个主管部门可以争取通过加强沟通与协商，将有些需要调查、需要掌握的科研人员的信息进行综合，能够简化的内容尽量简化，最后将形成的共识汇总到一起，再共同发文收集数据，做到数据共享。

四、营造良好的有利于原始创新的科研氛围

首先要提高认识，营造中国科技原始创新的良好科研氛围。著名的卡文迪什实验室由于培养出了多名诺贝尔奖获得者，被誉为"世界物理学家的圣地"。该实验室为了营造内部宽松、和谐的科研合作环境，形成了每天下午"茶时"漫谈会制度，给大家提供学术交流的机会。各类人员自由参加，畅所欲言，不同的观点、不同的见解在这里相互碰撞，共同的志趣、合作的愿望在这里建立，许多重要的学术思想和观念由此而产生。近两年建立的创新人才工作站，为多学科、多专业、多单位的优秀人才创造了合作空间，促优秀人才在这样的一种环境中强化了互补互促的合作意识，培育了集智攻关的团队精神，建立了相互配合的伙伴关系。中国科研单位领导要及早意识到科研氛围的重要性，积极向其他国家学习，高度重视本单位与国内外其他科研单位的交流与合作，有条件的科研单位应积极鼓励支持本单位科研人员与国

内外其他单位科研人员进行交流。

其次是要完善有利于科研人员合作的凝聚机制。在全球化的今天，科学研究的国内和国际合作的确是进行科技创新所必不可少的。任何一项科研成果，往往是多学科、多专业、多层次知识融合的产物，是多部门、多单位、多个人合作的结果。有关研究表明，诺贝尔奖自1901 年颁发起，合作研究获奖的人数占总数的比例逐期递增，在第一个 25 年的时间里该比例为 41%，在第二个 25 年的时间里该比例为65%，到第三个 25 年里该比例已达到 79%。[①]2001 年 2 月 15 日的《自然》和 2 月 16 日的《科学》杂志公布了当今科学上最大的成就——人类基因图谱测定的有关论文，两篇论文的作者都有几百人之多。英国《独立报》在 2002 年 10 月 13 日《"诺贝尔奖工厂"探秘》一文中指出，文化氛围浓厚，崇尚合作协同是出了 13 名诺贝尔奖获得者的剑桥分子生物实验室成功的重要经验。由此可见，团队精神、合作精神是非常重要的。作为原始创新研究主体的科研单位应积极建立起有利于科研人员进行合作交流的凝聚机制，妥善解决不利于合作的各种问题。目前，中国科研单位的科技管理部门是科技处，而科技队伍分属各院、系、所等。一般说来科技管理部门整合科技队伍的调控手段都比较弱，难以整合科技队伍，完成综合性的大型科研项目。为此，要勇于探索，进行体制创新，建立起既有利于发挥科研单位科研环境宽松自由的优势，又有利于队伍整合和学科交叉的科技管理体制和运行激励机制。科研单位可以通过各种不同的形式组织学术交流活动，大力营造科技创新的氛围。如通过各种手段鼓励各院、系、所科研人员组织学术团体，将不同学科的科研人员组织在一起，使得科技人员有一个可以充

---

① 徐颖、郑宇:《筑牢军事人才创新的精神基石》,《学理论》2013 年第 21 期。

分探讨学术的空间；也可以制作一个在网上可以进行学术交流的沙龙。总之，可以采取多种形式进行交流。科研单位还要改革现行职称评定与奖励制度，建立一种有利于科技创新的制度。如鼓励科研人员为了争取一项重大的科技创新项目而自愿结合在一起献计献策，自愿作为科技项目参加者出现在课题中，从而强化课题的创新度与课题组的凝聚力。

再次营造信息公开、科技资源共享的科研氛围。现代科学研究问题空前复杂化，科学研究对象不是简单孤立的系统，而是涵盖更大的范围，跨学科科研信息、数据的实时获取与处理，仿真与大规模计算已成为分析、发现和预测的主要手段之一。科学数据共享使得全球性的、跨学科的、大规模科研合作成为可能，使得跨越时间、空间、物理障碍的资源共享与协同工作成为可能。在美国，几乎所有科学研究，尤其是基础科学研究资料，只要不涉及国家机密，成果都是公开的，对其支持的项目要求及时将其阶段性研究成果以摘要的形式登录到相关网页上，使同行能够及时了解最新的科研动态，避免不必要的重复研究。因此，鼓励科研人员转变认为资源由单位或个人所有的传统观念，提高共享数据和资料的积极性，将已有的科技资源充分利用，不断发掘其内在的价值。

第三节　案例分析：华中农业大学科技自主创新管理分析

重点高等农业院校是农业科技原始创新的主体之一，为了更好地了解原始创新主体科技管理体制的改进问题，本书以华中农业大学为例，对原始创新管理进行案例分析。

华中农业大学是教育部直属、国家"双一流"建设的大学。现有教职工 2632 人，其中专任教师 1528 人，教师中教授 385 人。国家自然科学基金创新研究群体 3 个，省部级优秀创新团队 60 个。"十二五"期间，获批各级各类科研项目 5388 项，科研经费 31.29 亿元。[①] 学校的发展目标是建设优势学科国际一流、特色鲜明的世界知名研究型大学。[②] 研究型大学的建设中，科学研究的作用不可忽视。然而，如何促进科学研究的进一步发展是摆在所有管理人员面前的难题。本书以华中农业大学为例，探讨研究型农业大学科技管理的重点所在，以期为农业科技管理工作者提供一定的参考。

一、"十五"期间学校取得的科技成果及科研人员特征分析

本书对该学校"十五"期间获得批准的国家与省部级项目（"973"计划项目、国家科技计划项目、国家自然科学基金等项目或课题）的承担者、SCI 论文的通讯作者、获得授权发明专利的第一完成人、获奖成果的第一完成人等进行多视角分析，从而了解科研人员特征与科研产出之间的关系。

（一）不同年龄与不同性别科研人员产出成果与获批项目分析

1. 产出成果分析

"十五"期间，华中农业大学共发表 SCI 论文 366 篇，以通讯作者的年龄作为横轴绘制直方图 4-1。从图中可以看出，35 岁到 52 岁之间基本上是科研人员 SCI 论文产出的黄金年龄段，而 40 岁左右则是科研

---

① 华中农业大学：《华中农业大学学校简介》，2018 年 6 月 10 日，见 http://www.hzau.edu.cn/xxgk/xxjj.htm。

② 华中农业大学：《华中农业大学学校章程》，2018 年 6 月 10 日，见 http://www.hzau.edu.cn/xxgk/xxzc.htm。

人员发表 SCI 论文的最高峰，到了退休年龄段，即 60—67 岁科研人员又有了较高数量的论文发表，60 岁以上老教授发表 SCI 论文的数量较 30 岁以下年龄段的年轻教师具有一定的优势。分析结果表明，在 366 篇 SCI 论文中，男性科研人员作为通讯作者的篇数达到了 315 篇，所占比例达到了 86%。在男性科研人员中，41 岁左右是其产出 SCI 论文的高峰期，而且男性科研人员在 65 岁以后仍有 SCI 论文发表；在女性科研人员发表的 51 篇 SCI 论文中，女性科研人员仅在 42 岁和 47 岁左右呈现弱的高峰阶段，而且在 65 岁以后没有论文发表。

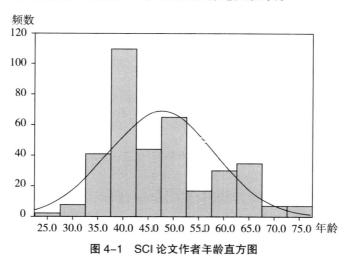

图 4-1　SCI 论文作者年龄直方图

在 45 项发明授权专利中，以获得授权发明专利第一完成人的年龄为横轴绘制直方图 4-2。从图 4-2 可以看出，35 岁到 50 岁基本上是科研人员获得发明专利授权的黄金年龄段。而其中 40 岁左右则是科研人员获得发明专利授权的最高峰，60 岁以上老教授获得发明专利授权的数量较 30 岁以下年龄段的年轻教师具有一定的优势。其中，男性科研人员获得的授权发明专利数量占总数量的 86.7%，女性科研人员获得的授权发明专利仅占总量的 13.3%。42 岁左右是男性科研人员获得发明专利授权的高峰期，63 岁左右达到了男性科研人员获得发明专利授权的第二个高峰期；37 岁、46 岁、50 岁、62 岁对于女性科研人员来说达到了自己获得发明专利授权的相对高峰年龄期，但其即使是在高峰时期也远低于男性科研人员获得的授权专利数量。

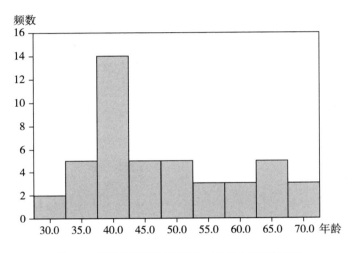

图 4-2　获得授权发明专利第一完成人年龄直方图

在 68 项获得国家级与省部级奖励的科研成果中，35 岁到 50 岁基本上是科研人员获得奖励的黄金年龄段，其中 40 岁左右是科研人员获得成果奖励的最佳年龄，65 岁左右科研人员获奖成果再次达到了高峰。在获奖成果的完成人中，男性科研成果完成人的比例要远远高于女性科研成果完成人。男性科研人员的获奖成果数量占总获奖数量的比例为 87%，而女性仅占 13%，且女性科研获奖研究人员的年龄大多处于 50 岁以后，而男性获奖研究人员的年龄则贯穿了其事业的一生。

2. 承担项目分析

"十五"期间，华中农业大学获得批准的科研项目经费的年龄分布大体上呈现出比较均衡的态势，然而在有课题的科研人员中，47—53

岁为获得科研经费最多的年龄段，人均获得批准的科研经费约为 600 万元，而且单项获得批准的科研经费有突破 5000 万元的现象。67 岁以上人均科研经费基本上呈现递减的态势。在对于不同年龄、不同性别的科研人员获得批准科研经费的比较研究中发现，男性科研人员与女性科研人员的科研周期有着明显的不同，26—29 岁女性科研人员的科研经费要多于同一个年龄段的男性科研人员，而此后年龄段基本上是男性科研人员获得批准的科研经费占据主要地位，50 岁左右男性科研人员的科研经费最多，此时更是远远高过女性科研人员的科研经费。男性科研人员在 63 岁左右获得批准的科研经费再次达到了小的高峰，而女性科研人员在 56 岁以后则呈现出明显的递减态势。这些现象发生的原因可能与知识女性在 30 岁左右成家生子，然后要将很多的精力用于照顾家庭，而男性知识分子则可以一心一意从事科研有关。另外，女性要比男性提前 5 年退休，也是造成女性即使在没有家庭负担之后，也会在 56 岁以后获得批准的科研经费减少的原因。

（二）不同职称和学历背景的科研人员产出成果与获批项目分析

"十五"期间，全校具有正高职称的科研人员发表的 SCI 论文共 306 篇，占此期间发表论文总数量的 83.5%；具有副高职称的科研人员发表 SCI 论文 44 篇，占此期间总数量的 12.0%；具有中级职称的科研人员发表 SCI 论文 14 篇，占此期间总数量的 3.8%；具有初级职称的科研人员仅发表 2 篇，所占比例仅为 0.5%。366 篇论文的通讯作者中，具有博士学位的科研人员发表论文数量为 259 篇，占此期间总数量的 70.8%；具有硕士学位的科研人员发表论文 61 篇，占此期间总数量的 16.7%；具有学士学位的科研人员发表论文最少，仅 46 篇，占此期间总数量的 12.6%。在对具有不同职称、不同学历的科研人员发表论文数量的分析中发现，具有博士学位的科研人员发表论文的数量在不同职称阶段均高于其他学历背景的科研人员，尤其在正高阶段的差距达到最大，而具有硕士学位的科研人员发表论文的数量与具有学士学位的科研人员发表论文的数量差距表现并不明显。

与此同时，在 45 项授权发明专利中，第一完成人均具有高级职称，且具有正高职称的科研人员获得授权发明专利的数量远高于具有副高职称的科研人员。其中，具有正高职称的人数有 35 人，所占比例为 77.8%；具有副高职称的人数有 10 人，所占比例为 22.2%。45 项授权发明专利第一完成人中，具有博士学位的科研人员获得授权发明专利的数量为 25 项，占 55.6%；具有硕士学位的科研人员获得授权发明专利的数量为 12 项，占 26.7%；具有学士学位的科研人员获得授权发明专利的数量最少，仅有 8 项，占 17.8%。在对具有不同职称、不同学历的科研人员获得授权专利数量的研究中发现，具有博士学位的科研人员获得授权专利的数量在不同职称阶段均高于其他学历背景的科研人员，而具有硕士学位的科研人员获得授权专利的数量在正高阶段远高于具有学士学位的科研人员获得的授权专利数量，而在副高职称阶段则出现相反的现象。

"十五"期间，华中农业大学 68 项获奖成果中，具有正高职称的科研人员作为第一完成人的有 53 项，占总数量的 77.9%；具有副高职称的科研人员作为第一完成人的有 14 项，占总数量的 20.6%；具有中级职称的科研人员作为第一完成人的仅有 1 项，仅占总数量的 1.5%。68 项获奖成果中，具有博士学位的科研人员作为第一完成人的有 23 项，占总数量的 33.8%；具有硕士学位的科研人员作为第一完成人的有 24 项，占总数量的 35.3%；具有学士学位的科研人员作为第一完成人的有 21 项，占总数量的 30.9%。

在获得科研经费的科研人员中，具有正高职称的科研人员获得科研经费数量最多，具有初级职称的科研人员获得的科研经费数量次之，具有副高职称的科研人员获得科研经费数量第三，而具有中级职称的科研人员获得科研经费数量最少。在不同学历的科研人员中，具有博士学位的科研人员获批的科研经费最多，具有初级职称的科研人员中，具有博士学位即博士毕业工作未满两年的人员获批的科研经费较之其他学历背景的科研人员具有很大的优势。具有博士学位的正高职称科研人员科研经费高于具有学士学位的正高科研人员，而具有硕士学位的正高科研人员经费最少；具有硕士学位的科研人员无论在正高、副高还是在中级职称阶段获得的科研经费均低于具有博士与学士学历的科研人员（见图 4-3）。

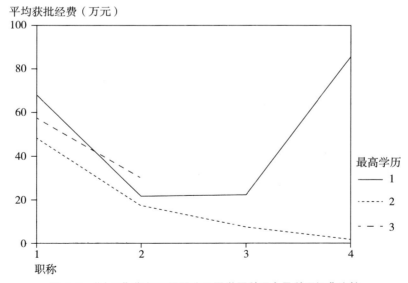

图 4-3　"十五"期间不同职称不同学历科研人员科研经费比较

注：学历：1 表示博士，2 表示硕士，3 表示学士；职称：1 表示正高，2 表示副高，3 表示中级，4 表示初级。

（三）成果完成人与项目承担者是否属于科研团队、研发基地分析

"十五"期间，华中农业大学366篇SCI论文的通讯作者中，有275篇论文的作者属于不同的科学研究团队，即有75.1%的科研论文出自科研团队中，出自科研团队的SCI论文的平均影响因子为1.433，而出自非科研团队的SCI论文的平均影响因子为0.905。366篇SCI论文的作者中，有282人属于研发基地的成员，即有77%的科研论文出自不同的研发基地，其SCI论文的平均影响因子为1.435，而出自非研发基地的SCI论文的平均影响因子为0.855。可见，出自科研团队和研发基地的SCI论文的平均影响因子均高于出自非团队与非基地的SCI论文的平均影响因子。

在68项获奖成果的第一完成人中，有38人属于科研团队，即有55.9%的获奖科研成果出自研究团队中。68项获奖成果的第一完成人中仅有30人属于研发基地的成员，这意味着有55.9%的获奖成果不是出自研发基地的。

在获得授权的42项发明专利的第一完成人中，有25人属于科研团队，即有59.5%的授权发明专利出自科研团队中。42项发明专利的第一完成人有28人属于研发基地的成员，即有62.2%的授权发明专利出自研发基地。

"十五"期间，华中农业大学获得批准经费的科研人员中，有58.6%的人员属于科学研究团队，总获批经费的83.26%属于科学研究团队。获得批准经费的科研人员中，59.2%的人员属于研发基地，83.57%获得批准的经费属于研发基地。

二、华中农业大学进一步推动科技事业发展的重点举措

为了进一步提高科技工作者的科研潜力，发挥科研人员进行科研

创新的积极性，华中农业大学充分尊重科研成果的产出规律，分析科技成果产出的特征，在以往管理体制的基础上，考虑创新主体的实际需要，不断完善科技管理体制，制定了有利于调动其创新研究工作的主动性的系列政策。

（一）注重发挥老年科研人员的传带作用，加强对中年科研人员的科研引导

对于处于从事科研黄金年龄段的科研人员给予足够的重视，另外，还重视达到退休年龄的老教授的传带作用。鉴于身体状况良好的老教授具有充足的时间与过人的学识，充分发挥他们的积极性，指导更多的年轻人进行科学研究，加快培养年轻人的科研意识和科研精神，提高他们的科研技能。

（二）激发科研人员从事科研的积极性

为了充分调动科研人员从事科研工作的主动性和积极性，学校多举措促进人才成长，提高产出效率。如针对新参加工作的科研人员建立了"加大资助强度，三年稳定支持，两年中期考核，优者滚动支持"的激励机制，为青年科技人才创造了较好的发展条件与环境；实施"优秀人才培育专项"，促进优秀人才的发展等。

（三）加强科研团队培育与管理

鉴于高水平的创新团队是加快学校科技事业发展的重要保障，学校设立"创新团队培育专项"，积极培植新的科研团队，同时加强创新团队的培育力度。

（四）加强研发基地的培育与管理

学校以"科学谋划、规范管理、开放共享、运行有效、支撑有力"作为科研基地管理的工作方针。在科研基地管理工作中，学校利用中

央高校基本科研业务费设立科研基地培育专项和科研基地学术补助，加大对现有科研基地的开放力度，强化对基地的建设与管理，提高科研基地的运行效益，逐步提升科研基地的质量。同时，积极培育新的科研基地，为更多的科研人员提供良好的科研平台。

三、科技管理推动科技事业的进一步发展

华中农业大学围绕人才培养、科研团队和科研基地的培育、建设和发展开展科技管理工作，推动了学校科技事业的快速发展。

（一）获批科研经费大幅提升

2006—2016 年，学校获批"973"计划项目、国家科技计划项目、国家自然科学基金等项目或课题的经费数量迅速增长，2016 年比 2006 年增长了 2.92 倍（见图 4-4），这为科研工作的顺利展开和科技成果产出增加提供了较好的经济保障。

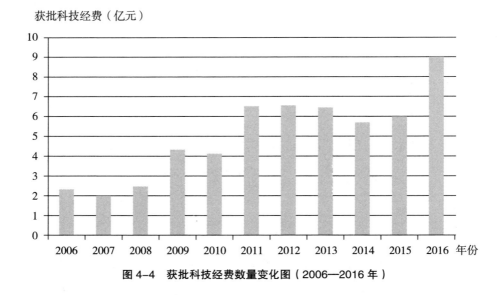

获批科技经费（亿元）

图 4-4　获批科技经费数量变化图（2006—2016 年）

（二）科研产出能力大幅提升

在较好的经济支撑和科技管理体制下，在良好的科研团队、科研平台的基础上，科研产出率大幅度提升。

1.SCI 收录论文数量快速增长

2006 年，SCI 收录华中农业大学论文数量 215 篇；2016 年，SCI 收录了 1264 篇，比 2006 年增长了 4.88 倍（见图 4-5）。

SCI数量（篇）

图 4-5　SCI 收录论文数量变化图（2006—2016 年）

2. 发明专利授权数量逐年增加

2006 年，学校获得授权发明专利数量 24 件；2016 获得授权发明专利数量 164 件，比 2006 年增长了 5.83 倍（见图 4-6）。

发明专利授权数量（件）

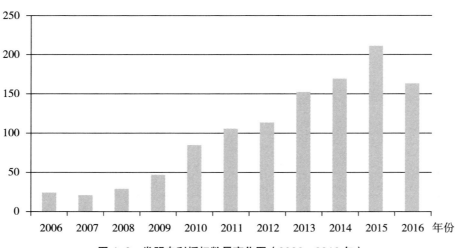

图 4-6　发明专利授权数量变化图（2006—2016 年）

第五章　农业科技集成创新管理体制分析

　　农业科技集成创新是指农业企业通过对各种原始创新成果、引进的已有技术成果等进行组装和进一步研究开发，在充分发掘其市场潜力和系统的技术配套结构性能的基础上，对技术进行充分转化所形成的一种有利于提高技术成果市场价值的创新，这种创新更加强调生产出可以商品化的产品，从而获得市场收益。本章通过分析中国农业科技集成创新所处的外部环境以及农业企业自身的内部环境，深入挖掘政府主导型科技政策下农业科技集成创新过程中存在的问题及其原因，为完善中国农业科技集成创新管理体制提供理论与实践参考。

第一节　农业科技集成创新的外部环境分析

　　农业科技集成创新是农业科技自主创新的经济基础。通常情况下，农业科技自主创新需要强有力的经济支持，没有资金作为后盾与支撑，科技原始创新难以获得持续的经济资助，引进的技术也难以得到充分的消化吸收，最终难以实现科技自主创新的目标。因此，大力推进农业企业开展科技集成创新，实现经济的高速发展，对于农业科技自主创新来说，便具有重要的意义与作用。当前，中国已意识到科技集成创新的重要性，并制定了相应的财税、金融和风险投资等各种优惠政策，积极推动农业企业集成创新的发展。

一、创建农业科技集成创新发展的政策环境

良好的宏观环境是农业科技集成创新得以顺利推进的有效保障。为此，政府采用各种措施，积极构建农业科技集成创新的体制与政策环境。1999 年 8 月，中共中央、国务院出台了《关于加强技术创新，发展高科技，实现产业化的决定》，文件指出，要努力营造有利于技术创新和发展高科技、实现产业化的政策环境，并就实行财税扶持政策、金融扶持政策、人员管理制度等各个方面的支持政策进行了进一步的说明，这对完善中国企业技术创新的政策环境奠定了良好的基础条件。在这个文件精神的指导下，2000 年，农业部、国家发展计划委员会、国家经济贸易委员会、财政部、对外贸易经济合作部、中国人民银行、国家税务总局、中国证券监督管理委员会等单位联合印发了《关于扶持农业产业化经营重点龙头企业的意见》的通知，对于在基地建设、原料采购、设备引进和产品出口等方面，给予农业产业化重点龙头企业以相应的资金帮助与具体的政策扶持。

为了进一步促进企业的发展，为农业科技集成创新积累资金和创造经济基础，相关政策对企业的进出口条件、手续等给予适当便利和宽松的环境条件，如简化企业出口的行政审批手续，放宽审批条件，大力支持重点龙头企业扩大出口；适当降低重点龙头企业成立进出口公司的资格，并适当放宽其经营范围……这些政策的制定和实施，毫无疑问为农业科技集成创新的发展创造了良好的政策环境。

二、提供资金保障的金融支持政策

农业企业开展科技集成创新活动往往需要大量的资金保障才能正常进行。而现实中，很多企业又往往因为资金不足而放弃进行集成创新研究。对此，为了充分调动农业企业开展科技集成创新的积极性，必须解决其资金短缺的瓶颈约束问题。国家已在金融政策方面，采取多种措施，为企业筹集创新资金提供比较宽松的金融环境和良好的金融服务。

一是在资金安排上，对于农业产业化经营企业给予倾斜性的金融支持。对于将贷款用于基地建设和技术改造项目的重点龙头企业，商业银行可以在农业主管部门的推荐下，给予优先安排。为了进一步解决企业发展中的资金短缺问题，国家通过文件的形式给予指导性意见，2005年中央1号文件《中共中央国务院关于进一步加强农村工作，提高农业综合生产能力若干政策的意见》就指出，农业发展银行可对以粮棉油生产、流通或加工转化为主业的龙头企业提供贷款，2006年的中央1号文件《关于推进社会主义新农村建设的若干意见》也强调指出，各级财政要增加扶持农业产业化发展资金，支持龙头企业发展。由此可见，金融支持农业企业发展的宏观环境基本具备。

二是积极鼓励重点龙头企业出口创汇。为了鼓励重点龙头企业发挥比较优势参与国际竞争，提高产品竞争能力，国家制定了相关政策对于开拓国外市场、扩大农产品出口的重点龙头企业要给予积极支持。

三是提供财政贴息和财政补助。2004年中央1号文件《中共中央国务院关于促进农民增加收入若干政策的意见》以及2005年中央1号文件《中共中央国务院关于进一步加强农村工作，提高农业综合生产能力若干政策的意见》等多个文件均先后指出，对符合条件的龙头企业的技改贷款，可给予财政贴息，对龙头企业为农户提供培训、营销服务，以及研发引进新品种新技术、开展基地建设和污染治理等，可给予财政补助。

三、规避市场风险的指导政策

"龙头企业＋农户（或基地）"的生产模式，可实现龙头企业带动农户和生产基地的目的，但出现的风险不仅使企业生产经营受到损失，从而影响技术创新活动，也将对广大农户的收入造成不利影响。因此，中央政府要求各级各部门都要对此予以高度重视，按照国家有关财税政策和制度规定，采取切实措施，帮助龙头企业和农户提高抵御市场风险的能力。要积极探索和逐步建立龙头企业与农户多种形式的风险共担机制，通过订立合同等形式，形成稳定的购销关系，提高企业抵御市场风险的能力。

四、实施财税优惠的支持政策

为了鼓励企业加快技术开发和技术创新的步伐，国家对企业技术创新实施了各项财税优惠政策。一是对从事种植业、养殖业和农林产品初加工业的重点龙头企业取得的所得，暂免征收企业所得税。二是实行税费抵免政策。企业研究开发新产品、新技术、新工艺所发生的各项费用在企业所得税前予以扣除，对于符合国家产业政策的技术改造项目所需国产设备投资的所得税予以抵免，对于符合国家高新技术目录和国家有关部门批准引进项目的农产品加工设备，免征进口关税和进口环节增值税。

近年来，在中央与各级政府的高度重视下，农业企业得到了快速发展，并且积极参与国际竞争，农产品出口持续增长，为中国农业科技集成创新的开展提供了越来越坚实的经济基础，但同时，由于各种各样的原因，中国农业企业的国际竞争力还不够强，也难以在短期内成长为技术创新的主体。

第二节　中国农业企业集成创新存在的问题分析

一个企业要想在激烈的国际、国内市场中具有竞争优势，较高的科技创新能力是必备的条件。迈克尔·波特 (Michael E. Porter，2004) 关于企业竞争优势的理论提出，企业拥有两种基本的竞争优势，一种是低成本竞争优势，一种是差异性竞争优势。其中，前者通常来源于特殊的资源优势、其他竞争者使用较低的成本也能够取得的生产技术和生产方法、发展规模经济等。而后者则是建立在通过对设备、技术、管理等方面持续的投资和创新而创造更能符合客户需求的差异型产品上。与低成本竞争优势比较，成功的差异型竞争优势通常能够为企业带来更高的收益，更容易长时期保持竞争优势。由于竞争优势的培育需要企业从本国所具有的比较优势出发，选择所进入的产业以及所采用的技术。中国是一个人口众多的农业大国，因此生产劳动密集型的农产品符合中国产业发展的比较优势。由于农业科学技术融入农业生产全过程中，难以与产品分割开来，因此为了分析农业科技集成创新的具体情况，了解中国农业企业竞争优势的发挥水平，在此本书采用显示性比较优势指数法对中国农业企业生产的农产品国际竞争力进行分析，从中找出影响中国农产品国际竞争力的因素，进而判断农业企业集成创新中所存在的问题。

一、中国农产品出口变化趋势分析

（一）农产品出口额呈下降趋势

从表 5-1 可看出，中国农产品出口额在绝对值上呈上升的趋势，但相对数量（占所有商品出口总额的比重）却呈现下滑之态。2003 年中国农产品出口额为 22158 百万美元，占商品出口总额的 5.06%，到 2016 年农产品出口总额达 75495 百万美元，比 2003 年增加了 2.41 倍，但占商品出口总额的比例却下降到 3.60%，减少了 28.82 个百分点（见表 5-1）。

表 5-1　中国农产品出口额及其所占比重

单位：百万美元，%

年份	农产品出口额	占所有商品出口额比重	增降速度
2003	22158	5.06	—
2004	24121	4.07	−19.60
2005	28711	3.77	−25.48
2006	32542	3.36	−33.58
2007	38862	3.18	−37.02
2008	42258	2.95	−41.58
2009	40883	3.40	−32.71
2010	51607	3.27	−35.31
2011	64613	3.40	−32.69
2012	66204	3.23	−36.09
2013	70188	3.18	−37.16
2014	74497	3.18	−37.10
2015	72697	3.20	−36.76
2016	75495	3.60	−28.82

注：比重根据世界贸易组织统计数据计算而来；各年比重的增降速度均以 2003 年为基期计算。

资料来源：世界贸易组织，见 www.wto.org。

（二）农产品产量大幅度增加，出口比重则呈下降之势

以肉类产品为例，2003 年，中国肉产品产量为 66217226 吨，2016 年，产量迅速增加到 87553354 吨，增长比例为 32.22%。然而在肉产品产量大幅度增加的同时，出口数量占生产量的比重却呈现下降的态势。从出口数量来看，2003 年肉产品出口量为 1573243 吨，占当年产量的比重为 2.38%，到 2016 年中国肉产品出口量为 1641430 吨，占当年产量的比重为 1.87%，出口量较 2003 年增加了 68187 吨，然而出口量占产量的幅度却下降了 21.09%（见表 5-2）。这从一个侧面反映了肉类产品国际竞争力水平呈现下滑的趋势。

表 5-2　中国肉类出口量及其占肉类产量的比重

单位：吨，%

年份	肉类出口量	肉类产量	肉类出口量/肉类产量	增降比重
2003	1573243	66217226	2.38	—
2004	1152540	67865904	1.70	−28.52
2005	1308258	71137535	1.84	−22.59
2006	1475203	72636759	2.03	−14.52
2007	1450957	70486174	2.06	−13.36
2008	1400729	74522227	1.88	−20.89
2009	1450309	78246959	1.85	−21.99
2010	1844197	81075918	2.27	−4.26
2011	2022051	81476590	2.48	4.46
2012	1721024	85448402	2.01	−15.23
2013	1793124	87343543	2.05	−13.59
2014	1918076	88740956	2.16	−9.03
2015	1756722	86883793	2.02	−14.90
2016	1641430	87553354	1.87	−21.09

注：比重根据联合国粮食及农业组织统计数据计算而来；各年比重的增降速度均以 2003 年为基期计算。

资料来源：联合国粮食及农业组织 2018 年 5 月 18 日更新的数据，见 www.fao.org。

二、中国农产品国际竞争力分析

依据世界贸易组织的统计数据（见表5-3），用显示性比较优势指数法对中国2008—2016年农产品的RCA进行计算，结果如表5-4所示。

表5-3　中国及世界农产品出口额对比

单位：百万美元

年份	中国农产品出口额	世界农产品出口额
2008	42258	1341564
2009	40883	1168847
2010	51607	1361848
2011	64613	1659524
2012	66204	1656711
2013	70188	1744833
2014	74497	1765405
2015	72697	1568337
2016	75495	1590662

资料来源：世界贸易组织，见 www.wto.org。

表5-4　中国农产品显性比较优势

年份	RCA	增降速度（%）
2008	0.36	—
2009	0.37	2.73
2010	0.37	3.26
2011	0.38	5.68
2012	0.36	1.37
2013	0.35	−3.02
2014	0.34	−3.98
2015	0.34	−5.37
2016	0.36	1.90

注：比重根据世界贸易组织统计数据计算而来；各年比重的增降速度均以2008年为基期计算。

资料来源：世界贸易组织，见 www.wto.org。

由表 5-4 可知，中国农产品的显性比较优势变化情况：在 2008—
2016 年，中国农产品的 RCA 值均小于 1，且数值较小，反映出中国农
产品呈现出显性比较劣势，到 2014 年已下降到 0.34。由此可以判断，
中国农产品出口的优势较弱。

三、中国农产品国际竞争力下滑的制约因素分析

从上述分析来看，中国农产品在国际市场上的竞争力水平呈现总
体下滑趋势。究其原因，主要是受制于产品的质量不符合国际标准。
早在 2005 年，中国农产品出口额为 271.8 亿美元，同比增长 17.7%。
但是，中国有 90% 的农业及食品出口企业因受到国外技术贸易壁垒措
施的影响，每年造成的损失大约为 90 亿美元。[1] 为了使分析具有针对性，
在此以肉类产品的质量问题为例来进行说明。

（一）产品中的药物残留超标

中国畜牧业有了长足发展，但同时饲养环境逐渐恶化，一些动物
疾病如大肠杆菌病、沙门氏菌病经常发生，给养殖业造成重大损失。
为了降低这种损失，人们不断开发和变换使用各种疫苗、抗生素及化
学药品以控制疾病的发生。由于这些药物中的主要成分为有害化学物
质，很少能被代谢排出，从而在畜禽活体内累积而残留，形成致癌、
致突变的潜在危害。[2] 即使被代谢排出，畜禽排泄物中的残留药物和化
学元素也会对生态环境造成污染和破坏，这对中国畜禽业生产和出口
带来相当严重的后果。例如，以前出口日本的肉鸡，由于"克理粉"

---

[1]　邓森：《我国农产品检测标准三大问题困扰与国外"对接"》，2006 年 4 月 27 日，见 http://
jiuban.moa.gov.cn/fwllm/jjps/200604/t20060427_601487.htm。

[2]　应永飞：《滥用兽药是自毁养殖"长城"——畜禽产品的兽药残留问题及其解决对策》，《中
国动物保健》2008 年第 3 期。

超标，被退货和中断出口。[①]1995—1996 年，欧盟曾多次派员到中国进行考察评估，最后认定，中国的兽医卫生状况达不到欧盟的指定标准，于是作出从 1996 年 8 月 1 日起禁止从中国进口禽肉的决定。1998 年 4 月出口到香港的生活猪，因内脏中含有"盐酸克伦特罗"而导致香港 17 人中毒。[②]与此同时，许多药物在全球范围内开始被禁用，如 1996 年欧盟开始禁止维吉尼霉素、泰乐菌素、杆菌肽锌用作猪的促生长剂，禁止螺旋霉素用作禽的促生长剂，且随着时间的推移，被禁用的品种和范围在逐步扩大。而就国际发展趋势看，世界各国对动物产品中的药残问题日益重视，这对中国动物产品进入国际市场将形成一种极大的障碍。

（二）饲料及其添加剂的污染问题比较严重

饲料是很多致病微生物的重要传播途径。由于其主要成分来源于农作物产品，如玉米、豆饼等。而在这些农作物种植过程中，为了促使其快速生长，大量使用农药、化肥等造成了成分累积和污染问题的发生。中国粮食产量占世界总产量的 16%，但化肥使用量占世界总使用量的 31%，每公顷用量是世界平均用量的 4 倍；农药使用量每年为 180 万吨，而有效利用率不足 30%，过量的化肥及多种农药的使用，对农地质量、粮食安全都带来了较为严重的问题。[③]动物食用这些有害残留物质的原粮后，在体内形成累积，继而危害人体。此外，为了确保家禽、家畜的快速生长，人们在养殖过程中又大量使用添加剂等人工

---

①　《滥用兽药是自毁养殖"长城"——畜禽产品的兽药残留问题及其解决对策》，《中国动物保健》2008 年第 3 期。

②　李银生：《给畜禽用药，用出了什么——兽药残留的现状与危害》，《新安全》2003 年第 10 期。

③　杜芳：《拯救"过劳"的田地》，《经济日报》2017 年 7 月 18 日。

营养措施，从而又直接造成外部相关物质在动物体内的累积而造成对人体健康的影响。

（三）微生物超标现象比较突出

随着生活水平的提高，微生物问题已被越来越多的人所认识，并成为评价食品质量问题的一个重要指标，国内外 HACCP 食品安全管理已把它作为一项保证食品安全的重要验证手段。从全球来看，每年有关细菌食物中毒的事件不断增加，可达 6 万—8 万个，造成 7000—9000 人死亡，涉及医疗费用 60 亿—90 亿美元。[①] 许多农产品加工出口企业特别是畜禽产品出口加工企业，大都经历过由于微生物超标问题而遭到退货、销毁、索赔的重大事件。在中国，微生物超标问题也在一定程度上存在，以沙门氏菌为例，国内屠宰畜禽中几乎都不同程度地存在沙门氏菌污染现象，其中猪的阳性检出率达 10.7%—34.8%，鸡的阳性检出率可达 30%—50%，鸭的检出率更高。[②] 目前，鉴于沙门氏菌对人类的侵害性和分布的广泛性，进口国在对进口肉类检测时，已将沙门氏菌检出与否作为一个重要的卫生指标来控制。可以预测，若不尽快解决沙门氏菌污染问题，中国的出口冻猪肉加工厂就有因此而遭受取消出口资格的厄运。

（四）重金属含量超标问题较为突出

铜、汞、镉等重金属元素含量是反映食品安全的重要指标，长期食用重金属超标的食品对人体极为有害，甚至会引起严重的疾病。中国在检测中经常发现，有些产品虽然药物残留在标准限量以下，但常因重金属含量超标而达不到出口的要求。而这些重金属主要来源于生

---

① 李明洁：《谈如何控制肉鸡产品中微生物的污染》，《山东食品科技》2003 年第 7 期。

② 代玉林：《沙门氏菌的综合控制措施》，《肉类工业》2003 年第 11 期。

产、加工过程。以畜禽产品为例，导致重金属超标主要有两条途径。一是通过食物链造成金属含量超标。据农业部土壤调查数据显示，污灌区的 140 万公顷土地中，受重金属污染的土地面积占 64.8%，河南新乡麦样麦粒总镉不达标，超标范围从 1 倍多到 10 多倍不等，在新乡发现的部分"镉麦"，最高比国家标准超标 34.1 倍，其根源就在于被重金属污染的土壤。① 它们通过食物链转移到畜禽活体上，从而导致畜禽肉产品的重金属含量过高。二是在产品加工过程中，通过加工机械、加工用水、食品添加剂等造成了金属含量过高，由此而严重影响了产品质量。

（五）检测标准落后，难以将损失消除在萌芽状态

农产品技术壁垒的核心就是检测标准，而中国农产品出口面临的最突出问题就是检测标准与国外不能实现"对接"。目前，中国农产品标准与发达国家存在较大差距，只有 40% 左右的国家标准等同于或采用了国际标准。② 标准化工作与发达国家之间存在较大距离。如在畜禽产品的屠宰加工环节及环保方面，国家还未出台新的与国际接轨的肉品卫生检验规程及相关技术标准；对于出口市场的农产品标准的跟踪不够及时。同时，发达国家的农产品标准和法律总在不断更新和变化，中国对于这方面的信息收集不够或者出现时滞，从而影响到企业对于最新信息动态的掌握。由于产品的总体质量和安全性缺乏保证，不但影响了出口贸易量和贸易额，而且难以将损失降低到最低程度。

---

① 杜芳：《拯救"过劳"的田地》，《经济日报》2017 年 7 月 18 日。

② 韦宏：《浅议绿色壁垒和我国农产品出口对策》，《乡镇经济》2006 年第 6 期。

四、企业集成创新能力低下是农产品竞争力下降的直接诱因

从前述分析可以看出，制约中国农产品国际竞争力提高的关键在于农产品的质量与安全问题，而要解决这一问题，根本是要解决农业企业技术创新能力低下的问题。从目前来看，中国农业企业技术创新能力比较低下，主要和企业创造价值的能力、围绕主业进行创新的能力以及经营能力不高有关。其中，企业创造价值的能力包括企业的营利能力、企业的成长性、现金流量情况、企业的偿债能力和企业财务能力等指标，企业创造价值能力的高低是企业能否进行技术创新的经济基础；企业的经营能力是企业进行自主创新的前提条件，只有经营能力达到一定的高度，才能够充分意识到技术创新的重要性以及不断适应技术创新的要求。鉴于农业上市公司是农业企业中的佼佼者，本书以农业部公布的第七次监测合格的农业产业化国家重点龙头企业名单中的 92 家农业上市公司作为研究对象加以分析。

（一）企业价值创造能力较弱

主要表现在以下几点。其一是企业可持续营利能力不强。在列入国家重点龙头企业的 92 家农业上市公司中，企业营利能力得分在 60 分以上的有 36 家，仅占总数的 39.13%。企业营利能力得分在 85 分以上的农业上市公司有 14 家，仅占总数的 15.22%（见表 5-5）。其二是农业企业的成长性不够理想。在列入国家重点龙头企业的 92 家农业上市公司中，成长性得分在 85 分以上的仅 16 家，占总数的 17.39%。而成长能力不理想的就有 55 家，占总数的 59.78%（见表 5-5）。其三是农业企业的现金流量情况不够乐观。在列入国家重点龙头企业的 92 家农业上市公司中，仅有 19 家农业企业的现金流量状况良好，得分在 85 分以上。而得分在 60 分以下的现金流量状况不理想的农业上市公司多

达 41 家，占企业总数的 44.57%（见表 5-5）。其四是农业企业偿债能力较弱。在列入国家重点龙头企业的 92 家农业上市公司中，仅有 12 家农业企业的偿债能力得分在 85 分以上，占总数的 13.04%。而偿债能力得分低于 60 分的企业高达 62 家，占到企业总数的比例达到 67.39%（见表 5-5）。其五是农业企业的总体财务能力不高。在列入国家重点龙头企业的 92 家农业上市公司中，总体财务能力得分在 85 分以上的仅有 9 家，占总数的 9.78%。而总体财务能力得分低于 60 分的则有 55 家，占总数的 59.78%（见表 5-5）。

（二）企业的运营能力相对不足

作为上市公司，其融资与发展规模应该与其运营管理水平相适应，但是，核心财务指标测评数据显示，在列入国家重点龙头企业的 92 家农业上市公司中，运营管理能力得分低于 60 分的企业有 37 家，在 70 分以下的有 51 家，超过总数的一半（见表 5-5）。而运营管理能力较强，得分在 85 分以上的有 21 家，占总数的 22.83%，总体显现出农业上市公司的运营管理水平有待提高。

（三）企业的综合能力评级

综合能力是衡量上市公司综合财务状况的指标，是对营利能力得分、偿债能力得分、成长能力得分、资产经营得分、市场表现得分和投资收益六个指标，分别赋予一定的权重后，计算出各个上市公司的综合财务能力得分。综合能力得分越高，说明财务能力越好。在 83 家有综合能力评级数据的上市公司中，四星以上的有 20 家，占总数的 24.10%，两星以下的 32 家，占总数的 38.55%（见表 5-5）。

通过对以上指标的综合分析，可以发现比较理想的农业上市公司数量非常少，这在一定程度上表明中国农业企业的技术创新能力比较低下。

相对而言，吉林敖东、张裕A、国投中鲁、农产品、承德露露、顺鑫农业、双汇发展、雪榕生物、西藏药业和伊利股份等10家农业上市公司的综合能力评级情况较好，均为四星以上。这10家列入国家重点龙头企业的农业上市公司中，承德露露、双汇发展和伊利股份也出现在《中国农业企业投资价值10强排行榜》中。[①] 这些公司取得的成就和其重视科技创新密不可分的。鉴于此，本章第六节将以双汇集团科技创新管理的成功经验进行案例分析。

表5-5　列入国家重点龙头企业的92家农业上市公司核心财务指标测评情况

公司证券简称	综合能力评级	偿债能力得分	营利能力得分	运营能力得分	现金流量得分	成长性得分	财务能力得分
吉林敖东	★★★★★	99.39	98.52	37.82	55.55	93.44	96.51
张裕A	★★★★★	67.22	98.38	58.18	99.24	89.48	79.76
国投中鲁	★★★★★	16.39	19.2	32.1	83.61	0.43	32.42
农产品	★★★★☆	17.44	22.62	93.12	90.2	43.95	24.93
承德露露	★★★★☆	79.54	96.83	99.53	99.32	92.65	82.2
顺鑫农业	★★★★☆	6.34	68.01	53.17	93.16	91.57	19.38
双汇发展	★★★★☆	61.13	85.37	91.68	98.67	30.55	77.88
雪榕生物	★★★★☆	46.29	78.96	25.25	13.58	37.39	42.18
西藏药业	★★★★☆	14.09	46.22	83.72	44.2	65.99	25.32
伊利股份	★★★★☆	39.59	83.18	95.32	91.17	87.79	39.55
正虹科技	★★★★	20.35	28.6	78.1	55.51	33.68	54
罗牛山	★★★★	73.6	49.82	21.04	44.81	43.59	28.96
好想你	★★★★	98.02	70.46	58.16	89.3	89.77	65.24
牧原股份	★★★★	9.04	14.95	79.68	60.63	56.95	33.07
仙坛股份	★★★★	28.82	26.37	89.05	71.87	85.52	65.2
众兴菌业	★★★★	95.32	93.12	97.3	78.96	95.97	36.24

---

① 《中国农业企业投资价值排行榜》，《农经》2017年第1期。

公司证券简称	综合能力评级	偿债能力得分	营利能力得分	运营能力得分	现金流量得分	成长性得分	财务能力得分
温氏股份	★★★★	46.29	78.96	25.25	13.58	37.39	42.18
中牧股份	★★★★	69.88	78.21	91.17	77.95	79.72	70.17
天润乳业	★★★★	61.46	64.66	91.82	79.97	82.38	46.33
禾丰牧业	★★★★	50.43	51.4	82.06	14.88	46.69	57.78
大亚圣象	★★★☆	26.04	42.69	38.22	53.67	6.84	21.94
隆平高科	★★★☆	43.52	96	48.96	80.8	86.89	45.32
海大集团	★★★☆	33.79	27.59	75.43	59.76	53.24	43.34
涪陵榨菜	★★★☆	92.8	90.78	75.9	72.23	79.03	86.82
唐人神	★★★☆	24.96	39.09	88.69	64.45	12.14	42
克明面业	★★★☆	72.3	70.39	91.61	77.88	79.25	71.25
鄂尔多斯	★★★☆	18.05	22.87	72.77	41.17	20.68	15.06
三元股份	★★★☆	88.72	24.82	85.37	86.35	78.39	77.67
永辉超市	★★★☆	46.69	63.62	98.2	93.37	97.91	52.67
洽洽食品	★★★	63.47	72.91	71.9	74.71	8.39	71.83
百洋股份	★★★	53.89	14.91	62.36	62.03	59.73	55.94
国联水产	★★★	37.39	13.36	18.52	53.21	55.08	64.05
光明乳业	★★★	42.26	50.58	81.3	67.62	17.72	18.3
仁和药业	★★☆	90.27	90.81	69.67	99.5	76.8	87.5
三全食品	★★☆	32.89	42.8	92.15	17.8	65.78	48.42
贵州百灵	★★☆	57.93	94.34	22.33	18.84	75.9	67.8
煌上煌	★★☆	93.66	61.89	87.64	89.19	11.71	97.15
燕塘乳业	★★☆	78.85	59.11	84.11	16.39	73.81	80.84
晨光生物	★★☆	37.03	30.76	51.59	27.38	5.37	66.17
千金药业	★★☆	66.17	45.89	70.21	90.56	32.35	50.94
丰乐种业	★★	56.99	65.42	22.66	34.08	56.56	77.41
中粮生化	★★	14.12	5.12	74.93	25.86	34.22	24.78
新野纺织	★★	48.23	31.05	49.5	32.13	24.24	18.55
天康生物	★★	36.56	66.86	69.42	18.19	72.8	57.89

续表

公司证券简称	综合能力评级	偿债能力得分	营利能力得分	运营能力得分	现金流量得分	成长性得分	财务能力得分
正邦科技	★★	16.79	14.12	91.67	68.73	78.64	14.12
大北农	★★	56.7	48.63	74.96	11.92	58.57	56.56
雏鹰农牧	★★	14.05	6.09	43.95	62.54	7.24	21.51
冠农股份	★★	34.47	89.55	61.85	43.44	96.79	49.42
恒顺醋业	★★	41.25	99.57	70.68	88.08	89.84	64.91
通威股份	★★	23.52	16.25	70.32	75.4	62.57	19.34
梅花生物	★★	18.98	60.01	91.71	90.78	80.73	26.22
西藏发展	★☆	98.67	75.36	97.19	97.98	58.21	75.18
贵糖股份	★☆	40.17	27.13	80.84	32.06	16.86	66.14
天邦股份	★☆	14.81	8.79	62.5	54.65	38.15	16.79
威华股份	★☆	16.53	19.09	31.81	58.14	28.85	51.91
华英农业	★☆	36.74	37.57	73.74	86.74	88.65	18.23
皇氏集团	★☆	61.24	51.3	64.05	56.95	60.45	72.23
信邦制药	★☆	39.45	47.19	64.99	31.84	45.89	33.83
益生股份	★☆	8.14	2.05	34.51	25	59.8	22.19
佳隆股份	★☆	81.27	71.04	50.72	89.95	22.3	99.24
益盛药业	★☆	32.35	48.78	12.25	9.83	42.83	61.46
加加食品	★☆	65.71	83.21	92.76	49.21	54.36	83.79
金河生物	★☆	73.7	73.27	73.88	30.04	89.19	52.45
海欣食品	★☆	76.77	18.73	64.77	69.74	27.13	84.51
金健米业	★☆	47.77	25.29	87.03	88.33	15.74	64.41
大湖股份	★☆	21.4	41.17	30.66	36.24	74.39	44.74
维维股份	★☆	27.59	64.05	55.3	65.89	68.01	26.73
莫高股份	★☆	96.51	77.56	27.2	62.57	69.85	93.34
福成股份	★☆	59.4	68.73	72.33	62.75	72.77	79.9
丰林集团	★☆	94.85	27.41	19.88	16.86	29.72	93.98
东方海洋	★	17	25.07	8.9	80.37	43.41	38.4
莱茵生物	★	6.41	43.37	9.44	88.54	68.55	5.22

续表

公司证券简称	综合能力评级	偿债能力得分	营利能力得分	运营能力得分	现金流量得分	成长性得分	财务能力得分
华斯股份	★	85.41	49.57	11.46	72.62	21.87	68.08
亚盛集团	★	82.56	45.82	27.02	73.16	41.07	59.91
好当家	★	7.56	31.34	27.56	49.68	69.38	55.98
海南橡胶	★	63.62	12.9	57.49	68.7	21.11	74.68
南宁糖业	☆	25.29	38.62	61.96	36.74	28.46	8.68
民和股份	☆	29.32	4.9	67.47	77.56	35.23	47.51
棕榈股份	☆	11.2	16.43	2.52	18.26	86.53	31.56
西部牧业	☆	15.13	39.7	31.48	65.09	32.71	29
神农基因	☆	96.33	12.46	33.43	1.26	1.08	88.62
莲花健康	☆	27.99	3.57	62	46.54	24.93	7.6
敦煌种业	☆	52.31	3.1	8.11	37.03	4.47	11.56
獐子岛	无数据	12.25	17.36	43.73	60.01	1.3	10.34
创新医疗	无数据	2.09	10.34	8.54	56.12	2.67	34.04
天宝食品	无数据	57.2	49.42	21.47	72.8	42.29	26.77
晨鑫科技	无数据	52.59	49.64	6.34	73.05	57.96	63.47
宏良股份	无数据	74.35	61.35	65.09	20.75	56.2	94.78
华统股份	无数据	55.73	96.11	90.71	80.87	45.97	60.66
庄园牧场	无数据	55.73	96.11	90.71	80.87	45.97	60.66
中粮糖业	无数据	22.26	13.11	59.73	31.81	46.29	24.46
家家悦	无数据	23.34	87.46	69.56	77.67	87.46	34.26

注：2018 年 6 月 30 日查询结果。

资料来源：《农业部关于公布第七次监测合格农业产业化国家重点龙头企业名单的通知》（农经发〔2016〕15 号），2016 年 10 月 14 日；和讯财务评估数据，见 http://datainfo.stock.hexun.com/ssgs/zzcw/cwpg.aspx?data_type=fld_Stock_Code&page=105&tag=1；和讯股评评估数据，见 http://pinggu.stock.hexun.com/StockOver view.aspx。

第三节　农业企业科技集成创新能力低下的原因分析

面对农业企业科技集成创新能力低下而导致中国农产品国际竞争力下滑的现状，制定能够促进企业提高科技集成创新能力和增强市场竞争力的科技政策便是必须关注的重要方面。为此，了解造成农业企业科技集成创新能力低下的内在原因便显得十分必要。在此，本书首先建立了农业企业科技集成创新的理论模型，进而采用调查分析方法加以实证分析。

一、农业企业科技集成创新分析的理论模型

首先假设有两个农业企业，即农业企业 1 和农业企业 2，假设农业企业 1 的科技投入的生产函数为：

$$Y_1 = F_1(T_1),\ F_1(0) = 0,\ F'_1 > 0,\ F''_1 < o \qquad (5-1)$$

其中，T_1 是科技投入，Y_1 是农业企业 1 的产出。

而农业企业 2 的生产函数为：

$$Y_2 = F_2(Y_1,\ T_2),\ F_2(Y_1,\ 0) = 0 \qquad (5-2)$$

其中，$\partial F_2/\partial T_1 > 0$，$\partial^2 F_2/\partial T_2^2 < o$，且 $\partial F_2/\partial Y_1 < o$，$T_2$ 是农业企业 2 的直接科技投入。农业企业 1 的产出 Y_1 作为农业企业 2 的负的投入加入，即 $\partial F_2/\partial Y_1 < o$。将式（5-1）代入式（5-2）中，可以得到：

$$Y_2 = F_2[F_1(T_1),\ T_2] \equiv F_2(T_1,\ T_2) \qquad (5-3)$$

其中，$F_2(T_1,\ 0) = 0$，$\partial F_2/\partial T < 0$，$\partial F_2/\partial T_2 > 0$，$\partial^2 F_2/\partial T_2^2 < 0$。

包含农业企业 1 和 2 的整个经济体所要达到的目标为整个经济体生产的帕累托最优或者整个经济体生产的有效配置，即：

$$\text{Max}\left[\alpha_1 F_1\left(T_1\right)+\alpha_2 F_2\left(T_1,\ T_2\right)\right]$$

约束条件为：

$$T_1+T_2\leqslant T,\ T_1\geqslant 0\ \text{且}\ T_2\geqslant 0$$

其中，T是经济体中科技的固定投入数量，α_1和α_2是固定非负常数，$(\alpha_1,\ \alpha_2)\neq 0$。

假定在最优解处$T_1>0$且$T_2>0$，那么对于最优化的一阶（必要条件）由式（5-4）、式（5-5）得到：

$$\alpha_1 F_1'+\alpha_2\,\partial F_2/\,\partial T_1=\alpha_2\,\partial F_2/\,\partial T_2 \qquad (5-4)$$

$$T_1+T_2=T \qquad (5-5)$$

对给定的参数α_1和α_2的值，这两个方程决定了T_1和T_2的帕累托最优值。其中，式（5-4）表示生产的有效性条件，可称其为生产中科技投入的帕累托最优条件。

假定这两个农业企业处于一个更大的经济系统中，在该系统中，两种产出的价格（p_1和p_2）和要素价格（w）的决定会独立于两个农业企业的生产水平，并且这两个农业企业是竞争的，在此意义上，将这些价格（p_1，p_2、w）作为外生的给定常数。在这种形势下，共同利润最大化得出了帕累托最优状态。在$T_1\geqslant 0$且$T_2\geqslant 0$的约束下，选T_1和T_2使两个农业企业的共同利润最大：

$$\pi\left(T_1,\ T_2\right)\equiv p_1 F_1\left(T_1\right)+p_2 F_2\left(T_1,\ T_2\right)-w\left(T_1+T_2\right)$$

假定在最优解处$T_1>0$且$T_2>0$，一阶条件$\partial\pi/\,\partial T_1=\partial\pi/\,\partial T_2=0$或：

$$p_1 F_1'+p_2\,\partial F_2/\,\partial T_1=p_2\,\partial F_2/\,\partial T_2\ (=w) \qquad (5-6)$$

对于$\alpha_1/\alpha_2=p_1/p_2$，这最终保证了帕累托最优性。在给定的每一个农业企业能在固定价格水平w上使用新技术的局部均衡状态下，式（5-5）易被满足。

然而，在竞争状态中，每个农业企业真正关心的并不是共同利润 $\pi(T_1, T_2)$ 最大化，他们所真正关心的是自己的私人利润最大化，也就是说，农业企业1在 $T_1 \geqslant 0$ 的条件下，选择 T_1 使自己的利润最大：

$$\pi(T_1) \equiv p_1 F_1(T_1) - w(T_1)$$

而农业企业2对给定的值，在 $T_2 \geqslant 0$ 的条件下，选择 T_2 使自己的利润最大：

$$\pi(T_1, T_2) \equiv p_2 F_2(T_1, T_2) - w(T_2)$$

假定在最优解处，$T_1>0$ 且 $T_2>0$，农业企业1和2的一阶条件分别由式（5-7）和式（5-8）得出：

$$p_1 F_1' = w \qquad\qquad (5-7)$$

$$p_2 \partial F_2 / \partial T = w \qquad\qquad (5-8)$$

最终推出：

$$p_1 F_1' = p_2 \partial F_2 / \partial T_1 \qquad\qquad (5-9)$$

在这样的情况下，帕累托最优条件一般不能满足。由于外在效应（$\partial F_2 / \partial T_1 \neq 0$）的存在，每一农业企业自己私人利润的最大化，将达不到帕累托最优，或者说是社会最优，其原因是存在外在效应导致的市场失效问题。

二、农业企业科技集成创新能力低下的实证探究

根据上述理论模型可以知道，尽管科技进步有利于推进整个社会前进的步伐，对于整个社会带来巨大的作用，但是对于企业来讲，他们所关心的并不是整个社会的发展，而是企业自身如何才能实现利润最大化。为了更好地了解农业企业科技集成创新能力低下的原因，课题组曾在2006年对武汉市主要农业龙头企业进行了问卷调

查，最终回收有效问卷 29 份。调查发现，虽然武汉市农业企业很多，但是大部分农业企业科技创新意识不强，有的企业认为自己现有的产品销路好，无须投入资金开发和研制新产品；有的企业由于自身规模较小，实力不够雄厚，缺乏科研投入资金，无力创新产品开发；还有一部分企业对技术创新持保守态度，过分依赖引进技术的使用而对消化吸收再创新不感兴趣。出现这种现象的内在原因是这些企业在自身利润最大化基础上进行决策的，从而缺乏技术创新的内动力，制约了农业科技集成创新的进程，这些制约因素主要表现在四个方面：

（一）缺乏高素质的技术人才

科技创新能力高低的决定性因素在于高素质的科技人才，但由于缺乏高素质人才尤其是高素质的科研人才，即使已充分意识到科技对于企业发展的重要意义，也往往由于能力所限而难以实施科技创新。在调查中发现，当问及"立足于自身力量开展技术创新最缺乏的条件"时，65.52% 的企业认为最缺乏的是人才，尤其是高素质的科技人才。在调查的 29 个农业企业中，员工总人数为 4676 人，但技术人员总数仅为 716 人，仅占员工总人数的 15.30%（见图 5-1）。其中，从人员结构来看，获得中级职称以上的人数仅为 410 人，仅占员工总人数的 8.77%（见图 5-2），硕士学历以上的员工只有 64 人，占员工总人数的比例不到 2%，平均一个企业仅有 2 个高学历员工，而大专及以下员工达 4248 人，占到员工总人数的 90.85%（见图 5-3）。人才的缺乏使得农业企业意识到即使进行科技创新也难以获得高额利润，从而阻碍了农业企业集成创新能力的提高。

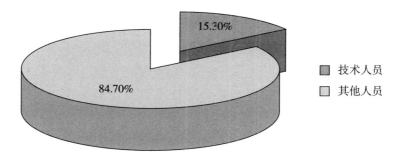

图 5-1　被调查的农业企业人力资源情况

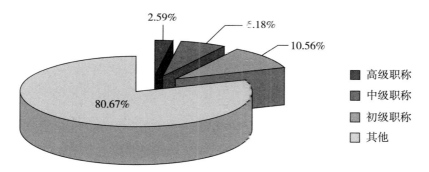

图 5-2　被调查的农业企业员工职称构成

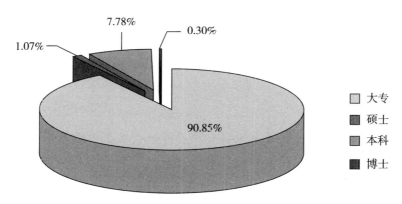

图 5-3　被调查的农业企业员工学历构成

（二）集成创新的资金保障程度严重不足

充足的资金是开展科技创新的重要物质基础，然而许多农业企业却由于资金短缺而难以开展技术创新活动。在调查中了解到，90%多的企业进行技术创新最主要的资金来源是企业的自有资金，但武汉市农业企业大部分属于中小型企业，自身拥有的资金大部分用于生产和经营过程中，没有足够的资金来满足技术创新的资金需求。2005年，29个农业企业的总投入额为11368.3万元，年研发经费投入总额为2143.5万元，只占企业总投入的18.86%，年人力资源培训经费投入额为543.4万元，仅占企业总投入的4.78%（见表5-6）。研发经费投入少，严重影响了企业后备技术开发和技术创新的进程，79.31%的企业表示由于缺乏资金而无力开展科技创新活动，从而导致企业的技术水平得不到及时更新发展，削弱了企业的竞争力。

表5-6　被调查的农业企业科技投入情况（2005年）

类别	总额（万元）	占企业总投入比重（%）	占营业总收入比重（%）
营业收入	82029.8	—	—
企业总投入	11368.3	—	13.86
其中：年研发经费投入	2143.5	18.86	2.61
年人力资源培训经费投入	543.4	4.78	0.67

资料来源：根据调查问卷整理而得。

（三）科研单位的科技成果转化率不高，技术实用性不强

长期以来，中国农业科研成果转化率低下直接导致了农业企业无法从外部环境中获得自身所需要的新型技术。相对全国来说，处于武汉市的高校和科研院所的数量是比较多的，这些单位每年研究和产出的技术成果也不少，2003—2005年间，受调查的科研单位拥有鉴定成果数达236项，但其中适合在武汉市推广的农业科技成果仅为29项，

只占鉴定成果总数的 12.29%。而适合在武汉推广的 29 项农业科技成果
中仅有 12 项与企业进行了合作，转化成为现实生产力，大部分因局限
在原理上或投入生产所需资金过大等原因而尚停留在潜在生产力阶段。
因此，科研单位研发出的技术实用性有待加强。据调查，在 29 个农业
企业中，只有 62.07% 的企业认为与科研单位合作研发的科技成果在自
己企业中转化效果较好。有 44.83% 的企业认为科研单位的科技与生
产脱节，技术实用性较低，24.14% 的企业认为科研单位科技能力有限
（见图 5-4）。

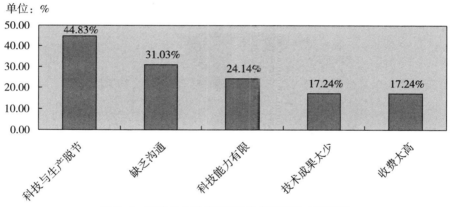

图 5-4 影响企业科技创新的科技方面的主要原因

（四）政府支持不力

　　企业科技创新需要良好的政策支持，如果政策不到位，企业科技
投入也难以取得预期成效。在调查时，当问及影响企业科技创新的外
部因素时，79.31% 的企业认为政府投入不够，支持不力。由于信息不
充分，对政府制定的促进企业科技进步优惠政策不了解或部分了解的
企业达 89.66%，全部了解的企业仅占 10.34%。而从这些优惠政策落实
的难易程度看，48.28% 的企业表示落实较困难（见图 5-5）。为此，在

调查这些优惠政策是否得到落实时，发现只有 27.59% 的企业表示全部落实（见图 5-6）。

在问及"阻碍企业科技创新的外部因素"时，有 48.28% 的企业表示技术市场不健全，20.69% 的认为知识产权保护不力，17.24% 的认为社会文化氛围不利于企业科技创新。而这些外部条件均需要政府的力量，为企业和科研单位进一步加强产学研合作，提高科技创新能力，创造一个良好的外部环境。

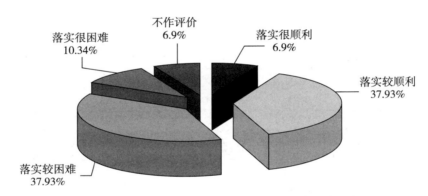

图 5-5　被调查农业企业对科技优惠政策落实难度的评价

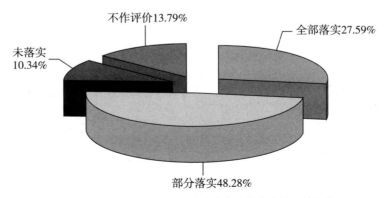

图 5-6　被调查农业企业对科技优惠政策落实情况的评价

第四节　中国农业企业集成创新面临的挑战

随着经济全球化以及市场开放性的进一步发展，中国农业企业在自身集成创新能力低下的同时，又面临着日益严峻的挑战。这种挑战主要来自四个方面：

其一是全球化的挑战。在经济全球化发展的趋势下，农业企业的发展面对科技经济实力强大的西方农业高科技跨国公司的激烈竞争，若不能及时调整发展战略，进行持续的投资开展技术集成创新，创造高层次的竞争优势，加快改革，则原有的诸多"本土优势"将在不远的将来丧失殆尽。

其二是市场化的挑战。随着中国农产品及农业生产资料市场的全面放开，农业科技要素产品已从完全垄断市场转变为完全竞争市场，新的竞争者潮水般涌入，多数农产品供大于求的局面早已形成。随着市场竞争的加剧，中国农业企业由原来的资源约束型将进一步演变为资源和市场双重约束型，这对农业企业技术创新提出了紧迫要求。

其三是高风险的挑战。农业是与生命相关的复杂产业，其技术研究更加复杂，研发周期更长，具有巨大的不确定性和风险性。除了具有与其他领域的技术一样的技术风险和市场风险外，农业高新技术在产业化过程中还要经受自然风险的巨大考验。农业企业必须对此予以充分认识。

其四是技术商品化的挑战。中国农业企业尤其是一些农业科技企业应率先自觉应对知识经济挑战，通过技术创新，迅速建立起本企业的科技优势，并进一步将科技优势尽快转化为产品的竞争优势。这就要求中国农业企业尤其是农业科技企业要以农业创新技术商品化为主线，加快技术创新与产业结构调整，从市场定位、项目选择、产品研发、经营管理、发展战略到机制创新等诸方面实行根本性变革，推进农业企业跨越式发展。

第五节　农业企业集成创新发展思路、目标与政策建议

一、农业企业集成创新的发展思路

农业企业集成创新发展要以可商品化的科技成果为基础，以工业化的规模生产为重点，以市场为导向的营销体系的建立为保障，采用现代企业经营管理方式，立足于构建多元化投资机制、动力机制、监督机制和约束机制，全方位进行技术、资金、市场和管理人才的优化组合，将农业科技成果直接转化为生产力。这就要求实现两个转变、做好三个结合和抓住四个关键环节。两个转变就是由现在科技集成创新的低水平向较高水平转变以及技术创新主体由现在的科研单位为主向企业为主的快速转变。三个结合则是自主开发与引进技术相结合、新技术创新与传统技术改造相结合、技术创新与成果转化相结合。四个环节则是必须加强政策的支撑、抓好项目的储备与引导、加快包括创新体系、人才体系、投融资体系和服务体系的体系建设，同时不断优化外部环境，尤其要加强软环境建设。这是农业企业今后实现集成创新的基本思路。

二、农业企业集成创新的发展目标

为了从根本上解决农业科技与经济发展相互脱节的问题，大幅度

增加中国农产品的科技含量，提升农业企业国际竞争力，在未来 5—10 年内，中国农业企业科技集成创新的发展与管理必须致力于实现四个目标。一是要扶持和培育一批农业科技创新型的龙头企业；二是要建立中国农业企业的管理体系，尤其是要在农业科技企业管理方面形成一套比较成功的运行机制；三是要培养一批科技型农业企业家和不同层次的管理人员，增强农业企业的技术创新能力、技术转化能力和市场开拓能力；四是要构建中国农业企业发展的政策保障体系，要在政府投资、科技企业、人才培养等方面建立起有效的政策保障体系，为农业企业集成创新发展创造良好的社会、经济环境和政策条件。

三、加快推进农业企业科技集成创新的政策建议

（一）不断更新发展理念

促进农业企业集成创新能力的提高，必须以科学发展观为统领，拓宽发展思路，创新发展理念，真正使农业企业成为农业技术集成创新的主体。在工业企业逐步成为工业技术创新主体，思想上逐步为社会各界所认同的同时，对农业企业作为农业技术创新主体的认识应逐渐深入。但是，基于农业科技的特殊性和中国农业发展的实际，要将农业技术的创新主体位移到农业企业，还需要一个相当漫长的过程，但这是历史发展的必然选择，也是借鉴发达国家先进经验的理性选择。因此，政府部门应高瞻远瞩，创新发展理念，更新发展意识，高度重视农业企业的发展和创新问题，制定不同区域、不同时期、不同层次的农业企业集成创新发展规划，引导农业企业集成创新发展。

（二）结合企业实际，科学选择适宜技术

技术集成创新是解决企业自生能力的关键，不解决企业的自生能

力，外在地改变制度安排是没有效果的。而企业对其自生能力的培育和增强，唯一的选择是进行持续的投资和创新，创造高层次的竞争优势。在建设自生能力的思想指导下，农业企业要遵循比较优势原则，利用当地有利条件形成竞争优势，也就是在选择技术时要遵循技术与经济的资源禀赋结构相一致的原则。企业要在自身发展的每一个阶段上科学选择符合自己要素禀赋结构的产业结构和生产技术。只有这样，企业才会具有自生能力，从而迅速地进行资本积累，实现自身的快速发展。

（三）建立健全政策支撑体系

农业企业集成创新能力的提高离不开政府的宏观引导和扶持，政府部门作为营造企业发展宏观环境的主体，为农业企业的发展提供良好的宏观政策环境显得尤为重要。因此，一是制定农业企业集成创新的优惠政策并对于政策的执行情况予以监督；二是建立农业科技风险投资机制，扶持农业企业的发展；三是建立科技成果信息网络，为农业企业交流提供信息平台；四是建立完善农业科技成果知识产权保护机制；五是建立激励机制，鼓励农业企业、农业科技人员进行技术创新。

（四）创新体制机制，完善管理制度

在农业企业的体制和机制创新方面要改变过去小调小改的传统做法，实现大胆创新和显著突破。要完善管理制度，其核心是完善以人为主体的各项管理措施。要通过创新分配机制、管理机制、人员聘用机制和人才培训机制等，充分调动和发挥各级人员的积极性和创造性，培养和储备一批企业自有的研发、管理和市场开发人才队伍，为企业的持续发展提供强有力的人才支撑。

（五）调整政府科技投入结构，实施点面结合的支持政策

经过多年的发展，中国农业企业虽然取得了不少成绩，但由于体制、机制及软环境的制约，无论是从规模看，还是从效益来讲，这些企业仍以中小企业为主，但这些中小企业对地方农业科技的带动及经济的发展起着无法替代的作用。因此，应调整政府科技投入结构，培育一批有一定科技实力和市场前景的中小企业，重点支持具有实力的龙头企业研发具有自主知识产权和核心技术的产品，作为各省市农业科技开发与创新的示范企业进行推广，将对提升整个农业企业的创新能力和企业整体发展产生巨大的影响。

（六）发挥集群优势，致力品牌打造

科技水平是竞争力的主要来源。农业企业在激烈的市场竞争中，只有不断提高产品的技术含量，使新产品开发始终与市场结合，保持自己产品的技术优势，才能在市场竞争中保持优势。为此，必须改变目前各个农业企业之间各自为政、画地为牢、一企一品的做法，通过整合资金、技术、信息和市场等资源优势，实施品牌战略，强强联合，以经济带或区域为板块，集群产业优势，拓展产业链条，遵照"扶优、扶大、扶强"的原则，重点培育一批农业龙头企业，抢占技术和市场制高点，迎接国际化的挑战。

第六节　案例分析：双汇集团科技创新管理的成功经验

中国最大的肉类加工基地之一的双汇集团是从资产总额 468 万元，累计亏损 534 万元的漯河市肉联厂发展而来的。双汇集团在 1990 年产值突破亿元大关，1997 年突破 20 亿元，1999 年突破 40 亿元，2000 年

突破 60 亿元，2001 年突破 72 亿元，2003 年产值突破百亿元大关，达到 120 亿元，2005 年销售收入突破 200 亿元，2017 年，双汇品牌价值606.41 亿元，连续多年居中国肉类行业第一位。双汇集团取得如此瞩目的成绩，与公司对于技术创新的高度重视与大力支持密切相关。

一、采取多种方式，不断实施科技创新

长期以来，中国传统的肉类行业规模小、技术水平低、加工设备落后，在此基础上的生产只能是粗放型的加工，结果导致产品缺乏市场竞争力。面对此种局面，双汇集团的决策层意识到，农业企业要干出名堂，就必须进行技术创新，把国际上最先进的设备、技术和人才引进来，并在此基础上不断进行技术创新，使企业的技术始终处于领先地位，从而保持企业持续稳定的发展。在这种观念的支配下，双汇集团采用多种方式，不断提高企业技术创新水平。

（一）实行企校合作，实现技术对接

双汇集团积极与高等院校建立联系，通过实行企校合作，充分利用高等院校的人才、技术优势，将科学家的科研成果迅速转化为生产力，从而满足消费者需要。早在 2000 年，双汇集团就聘请中国科学院院士、清华大学生命科学与工程研究院赵玉芬教授担任双汇集团名誉技术顾问，而且双方签订了关于共同组建生物技术研究所，加强企校合作的技术协议书。

（二）引进先进的技术和设备，通过消化吸收再创新，实现技术领先

科学技术是企业参与市场竞争的核心所在。双汇集团在发展之初就意识到高科技、规模化的大型集团将成为国际市场竞争的主体，而

要想将企业发展壮大，企业自身必须在技术创新、产业升级上下功夫。因此，双汇集团自开始生产农产品之时，就积极采用国内外先进的技术和设备，全面提升技术装备水平，改造传统农产品加工业，提高产品质量，增强产品的国际竞争力。早在'八五'期间，双汇就围绕产品结构调整和新产品开发，大力进行技术引进和改造，先后投资 4.84 亿元，从日本、美国、德国、意大利等匡引进了具有 90 年代国际先进水平的生产线，完成了肉制品大楼、万吨冷库、铁路专用线、万吨提水工程、双回路供电线路等 35 项大的技术改造。之后，又先后投资 10 多亿元，从日本、美国、德国、瑞士等囯引进具有国际先进水平的生产线 200 多条，结合企业实际，围绕产品开发和结构调整进行了 60 多项重大技术改造，使企业的关键技术设备始终保持着国内领先水平。

（三）建立高标准的研发基地，引领技术发展，实现集成创新

高标准的研究开发基地是农业企业进行科技活动的平台，是高水平科研成果取得的重要条件保证。为此，双汇集团专门投资 3000 多万元组建了国家级技术中心，从国外引进各类先进的专业科技设备，确保技术开发的硬件建设和实验设备一步到位。同时，又从国内外聘请了多名教授、院士及专业技术人员充实到技术中心，为企业的科技开发提供了有力的技术保障。集团公司在人财物各方面对技术中心采取"无预算管理"方式以实行特别的扶持政策。

此外，建立博士后科研工作站是农业企业引进高层次科研和技术开发人才的又一重要途径，同时对于促进人才队伍的知识更新，推动高校和企业资源有机结合及成果转化、科技创新，有着不可替代的作用。21 世纪初，双汇集团就率先在同行中建立起博士后工作站，这标志着农业企业在引进人才、科技兴企方面跨上了一个新的台阶，在吸

引、培养高层次专业技术人才工作上有了新的起点。

（四）引进、培育高素质的科技人才，构建强大的科研团队

双汇集团十分重视科技队伍的引进与培育工作。改革前，双汇集团 800 余名职工中中专以上学历的仅有几人。改革后，他们面向全国进行人才招聘，专业人才大约占职工总数量的 40%。为了更好地培养人才，集团又派技术骨干到美国、日本等发达国家考察和学习，了解现代科技信息，形成了具有较强实力的科研团队。

二、科技创新不断增强企业发展能力

双汇集团在建立之初就注意到了科技的力量，通过强大的科技投入，为促进企业快速成长奠定了良好的基础。双汇开创了中国肉类的第一品牌，创造了杀猪卖肉销售突破百亿的奇迹，其主要原因用双汇集团总裁的话说就是：科技创新创出新的经济增长点，科技领先使双汇着着领先。正是由于注重科技发展，才较好地推动了双汇奇迹的出现。

（一）开发新产品形成新的经济增长点

在双汇，10 天推出一种新产品，依靠新产品不断细化市场并占领市场空白点和形成新的增长点，这已经成为集团发展的内在轨迹。举例来讲，以往一头猪的槽头肉 1 公斤不足 10 元，但它里面藏着一块四两多重的精品肉——头青，双汇把它开发出来，仅此一项，一年可增值 1600 多万元。

（二）强化技术消化，推进技术创新

在创新技术方面，双汇集团不迷信国外设备，敢于打破技术壁垒，积极摆脱对于国外技术的依赖，在多个领域保持国内领先水平。双汇

自行成功设计出了高阻力的 PVDC 摸头，突破了日本 PVDC 生产线无法使用美国原料的技术难关。PVDC 肠衣膜多色印刷技术的研制开发，是双汇开发新产品的又一成功案例。国内对肠衣膜进行彩色印刷起步较晚，而国外生产厂家又对此技术实行保密。因此双汇集团的"王中王"系列火腿肠所使用的多色印刷膜全部依赖进口，成本较高，使产品参与市场竞争压力很大。鉴于此，科研人员夜以继日，经过上百次试验，终于攻克了一道道难关，使得双汇"王中王"彩印包装膜成功投入批量生产。PVDC 肠衣膜多色印刷技术填补了国内空白，各项指标均达到国际同类印刷水平，从而彻底结束了彩印膜长期依赖进口的历史，为国家节约了大量外汇。

（三）不断实现工艺创新，提高技术领先水平

科技创新为企业创造出国际领先的工艺和技术。如 PVDC 肠衣膜具有高阻氧、高强度、保鲜保温、无毒无味等特点，在肉类、奶类、油脂类的制品包装应用中有广阔的市场前景，但国际上还没有可供借鉴的成熟工艺和技术。于是，双汇的一批青年科技人员在专家领导的带领下开始联合攻关。最终研究出可靠的产品，产品成品率由最初的不足 70% 提高稳定到 95% 以上，达到并超过国际先进水平。

（四）结合生产实践，有目的地实施技术创新

在实际生产中，企业往往面临着许多实践难题，如按照传统生产方法生产的香精不耐高温、贮放时间短、营养差、香味不真实，具有化学药剂残留问题，通过技术创新则顺利解决了生产加工中的这一技术难题。双汇集团的生物工程技术有限公司同外地科研单位技术力量研制开发、用现有的骨素生产线设备成功研制的"天然级肉类香精"解决了传统生产中存在的技术难题，且可耐 120℃ 高温，比传统香精耐

温性提高了 10℃。"天然级肉类香精"的研制对于传统的食品工业和餐饮业生产工艺改革起到推动作用。

三、双汇集团科技创新管理的成功启示

30 年来，当年遍布全国的 1000 多家肉联厂如今所剩无几，生产出中国第一根火腿肠的企业也昙花一现，而双汇却成了常青树。其成功的内在原因可以归纳成以下几点：

（一）高度重视科学技术的不断创新

科学技术是第一生产力，谁拥有了先进的技术，谁就能在竞争中抢占制高点。企业要想在竞争中取胜，就必须在品种、成本、质量上领先，而且是动态地领先。双汇集团成功的关键在于企业对科技开发的高度重视，双汇集团董事长兼总经理万隆非常重视创新。他认为，任何产品，必须根据市场需求，通过科技创新，不断开发新产品，及时更新换代，保证产品质量，才有产品畅销不衰的可能，才能创造名牌，并保住其生命力。双汇集团在命名之初就意味了要"汇集世界高科技、汇集世界新工艺"。早在 1999 年年初，双汇又提出"科技兴双汇，再造新辉煌"的经营指导思想，其根本意图就是要依靠技术创新，加快产品创新，提高企业市场竞争力。

（二）具备超前的意识与远见的战略

成功的农业企业的领导具有超前意识与正确的决策。双汇的各种质量认证书上有醒目的标志 001 号。第一个在同行业中引入对所有危害点加以控制的 HACCP 管理，第一个把"冷链生产、冷链运输、冷链销售、连锁经营"的肉类营销模式引进中国，在全国众多城市率先建立连锁店，改变中国长期以来沿街串巷、设摊卖肉的做法，并成为企

业新的增长点。

（三）建立有效的科研激励机制

为了明确岗位工作职责，客观、公正评价工作业绩，提高工作效率，双汇集团实行了绩效考核方案。双汇集团技术中心根据中心各岗位工作性质，将收入分为两部分：一部分人员实行固定工资；其余绝大部分实行绩效考核，根据个人完成的新产品开发数、创新增效项目数及增效效果，进行量化考核，累计积分，每月公布，年终汇总，年终奖金也与个人全年绩效分挂钩。积分实际就是个人贡献的量化指标。通过绩效考核机制的推行，进一步明确了奖金与开发成效的关系，拉大收入分配差距，激励了开发人员的创新积极性。

（四）围绕企业生产重点，不断实施技术创新

肉类行业是过度性竞争的行业，改革开放以来，国有、私营、集体、外资等企业一下子涌入市场，各个企业规模有大有小，技术良莠不齐，但竞争却一天比一天激烈，尤其是20世纪90年代以后，有的企业不顾本身实际，开始盲目扩张，大肆进行跨行业投资。而双汇集团从改革的开始之日，就始终坚持"围绕'农'字做文章，围绕主业上项目"的发展战略，即使是在同行业企业兼并联合横向扩张最火热的时候，双汇集团也始终坚持围绕相关产业上项目。双汇所涉及的行业全部是与肉制品加工这一主业相互配套，与"农"字紧密相连的上下游产业，一业为主带动了养殖、包装、饲料加工等产业的发展。

（五）关注未来发展，注重人才建设

一是注重人才引进。双汇积极从上海交大、哈工大等国家重点高校引进多名食品工程、化工机械、计算机等多个专业的毕业生，从社会上公开招聘高级管理人才，充实到公司的管理和技术部门。除此以

外，双汇还从国家、省、市研究所及高等院校聘请教授甚至中科院院士等高层次技术和管理人员，参与公司的市场开发、产品出口、战略规划等重大课题的研究和决策；从美国、日本、意大利、德国聘请食品、化工方面的专家担任企业的技术研究顾问，指导技术研究和产品开发。

二是高标准培养人才。双汇集团积极选派专业技术人才到发达国家进行培训学习，还对干部提出了"五化"要求，即革命化、年轻化、知识化、专业化、专家化，要求各级专业技术人员和经营管理人员都要成为既有丰富的专业理论知识又能解决各式各样实际问题的专家。

三是放心使用人才。早在20世纪90年代，双汇集团就革新了传统的用人制度：不等人才完全成了"人才"再选拔到相应的岗位上，而是让有思路、有潜力的人先在相应的岗位上工作，并积极为他们施展才能创造条件、搭建舞台，使其在实践中得到提高和完善。公司每年还通过召开"知识分子座谈会"和"中层干部竞聘会"，选拔出有能力、懂生产、会管理的人才，充实到公司各级管理部门。

四是以优厚的待遇留住人才。双汇集团提出了建立"企业家孵化器"和"创业园"的概念，"克隆"一批具有双汇管理模式的优秀企业，培养一大批投融资专家、理财专家、营销专家和管理专家，使人才有充分发挥才能的机会和舞台，从而体验到自身的人生价值。公司每年还从销售额中拿出一定比例的资金，作为技术研究、产品开发、管理创新等专项奖励基金，对为企业技术创新和新产品开发、管理创新作出突出贡献的个人予以重奖。

这种以人为本、培养人才、发现人才、使用人才、重用人才、重奖人才、留住人才的机制，为双汇培育了一大批专家型的技术人才和管理人才。

（六）技术采纳与企业综合资源配置柜衔接

双汇集团技术的采纳充分考虑到资源的合理利用，通过将技术密集、资本密集同劳动密集有效结合，以便使企业的资源得到合理的配置和优化。在双汇的火腿肠生产车间，卫生标准要求高，工艺复杂，流水线作业产量大，双汇就采用了世界一流的高新技术。而在装箱、包装、贴标签等工序上，双汇则充分利月劳动力资源的优势。这样就使劳动功效综合算起来比采用进口设备要高。企业没有必要每道工序都采用外国的先进机器设备，而是以实用和获得的经济效果来决定。

（七）依据市场需求，选择研发重点

在优秀企业文化的氛围下，双汇集团技术中心积极发挥了连接市场、采购、生产的纽带作用，积极参与本企业资源的再整合、再改造工作。技术研究中心始终保持快速的市场反应机制，对市场需要的新产品、新花色以及质量问题，立即安排专人协调解决，不能准确把握的，科研人员往往亲自到市场上进行落实。有些技术研究中心还成立新材料实验小组，对采购公司提供的、符合食品安全性标准的各种原辅料资源，进行充分试验，具有采用价值的，立即调整工艺。技术中心协助生产车间，成立了服务于车间产品生产，解决产品生产问题的技术组，大力支持车间开展技术创新、产品创新。与此同时，双汇集团的各个部门也对技术中心新产品开发、工艺技术创新给予大力支持，及时传达和反馈产品信息、市场信息、原辅材料信息、加工信息，提出了良好的建议和意见，使集团公司在整合市场、优化资源，服务产品方面，形成意见一致、配合有力的整体。

第六章　农业科技引进消化吸收再创新管理体制分析

　　新中国成立以来，中国农业生产水平不断提高，农民收入逐年增加，农村经济实力稳步增强，这些成绩的取得是与农业科技的合理引进并进行消化吸收紧密相关的。农业科技引进主要是指引进国外优良的品种资源、先进适用的农业技术以及农业高新技术，农业科技引进创新是指通过对引进的科技进行消化吸收再创新，从而提高中国农业科技水平，缩小与世界发达国家的差距。按照引进主体的不同，农业科技引进可以分为企业引进和政府引进。本章将侧重于对政府引进技术消化吸收再创新的分析与研究。其中，中国政府引进农业科技主要是通过"948"项目进行引进的。

第一节　中国政府引进农业科技政策出台背景

　　纵观中国农业科技发展的历史轨迹，可以发现农业科技引进消化吸收再创新对提高中国农业科技发展水平和增强农业持续发展能力产生了重要作用，是中国科技自主创新的重要助推器。在农业科技的推动下，20世纪90年代初期，中国基本上解决了农产品短缺的问题，但随之出现的农产品质量问题成为当时生产亟须解决的重要课题，以此为标志中国农业生产由追求农产品产量阶段转变到了追求农产品质量和市场竞争力的新阶段。然而，按照当时的经济和科研条件，依靠自身的力量在短期内迅速提高农产品的质量和效益困难较大。在这种背景下，中国第一个以引进国际先进农业科学技术为内容的专项计划——"948"计划项目出台，是指1994年8月，中央决定在"九五"期间安排1亿美元，由农业部牵头，农业部与国家林业局、水利部共同组织实施，引进1000项国际先进农业科学技术。"九五"和"十五"期间，中央财政总计投入资金18.12亿元，从40多个国家和地区引进农业高新技术和适用技术3500多项，通过消化吸收和创新后进行推广，有力地促进了农业科技整体水平和农业生产能力的提高。

实践证明，通过政府层面以国家财政专项形式，可以在短期内有组织地用低成本引进大批国外先进的农业技术，同时引导中国农业技术引进工作步入规范、有序阶段，使之更加符合中国实际需要，从而促进农业产业结构调整和农产品市场竞争力的提高，为尽早实现中国农业技术和产业结构的升级奠定基础。

第二节 农业科学技术引进实施工作的绩效分析

"948"计划实施二十多年来，对中国农业科技发展、农业生产力水平提升和农民收入增加产生了重要作用，为中国农村经济发展作出了巨大的贡献，可以说，"948"计划实施成效显著。具体表现在以下六个方面：

一、积极参与全球农业科技活动，实现与一流技术水平的对接

"948"引进计划为中国科学家参加全球性的农业科技活动提供了机会，为科学家的快速成长创造了良好的条件。如在水稻生产上，包括中国在内的世界各国需要共同面对的难题是培育出一大批高产、优质、抗病虫、肥料高效以及耐旱的水稻新品种。为了达到这些目的，1998年，国际水稻研究所（International Rice Research Institute）提出了"全球水稻分子技术育种"计划，当时有包括中国在内的 14 个水稻主产国参与了这一计划，该计划的基本思想是将世界上各水稻主产国的丰富多样的品种资源进行集中，通过大规模杂交、回交和分子标记鉴别选择相结合的方法，将这些品种资源基因组片段导入到各国的优良品种中去，从而实现优良基因资源在分子水平上的大规模的国际交流，培育出大量的近等基因导入系。[①] 各国的科研单位根据自己的需要，可以从中筛选育种材料用来培育新品种。该计划得到了各国科学家的热烈响应。从 2001 年开始，农业部 "948" 计划将参与 "全球水稻分子育种计划" 作为国际重大合作研究项目予以资助。通过 "948" 引进计划的支持，中国科学家已经积极投身到这一研究工作中，有望利用这一国际合作的机会，利用国际优良稻种资源，培育出适应中国生态环境条件的优良品种，并可能创造出一大批具有优良性状的种质资源。

二、推动了农业科学技术的跨越式发展

"948" 计划在实施过程中，主要是引进中国急需的项目，实现对中国农业生产与经济发展所需要技术的 "短、平、快" 提升。据统计，在

---

① 罗利军：《水稻等基因导入系构建与分子技术育种》，《分子植物育种》2005 年第 5 期。

引进的项目中约有 20% 是急需的，而目前国内科研又难以承担的重大关键技术、高新技术以及基础研究成果，这些项目的引进推动了农业科技跨越式发展，缩短了与发达国家的技术差距。据估算，由于"948"计划的实施，中国很多农业科研项目研发时间缩短了 10—15 年，通过引进消化吸收再创新，使中国农业科技整体水平与世界先进水平的差距已由 20 世纪 90 年代初的 15 年缩短为 21 世纪初期的 7 年左右，节约研发经费 30%—50%。[①]

三、提供了能够支撑农业可持续发展战略目标实现的技术基础

据统计，在"948"计划引进的全部项目中，约有 10% 的项目引进的是农业可持续发展技术。[②] 以"全球水稻分子育种计划"为例，[③] 该项目通过对抗病虫（白叶枯病、稻瘟病、稻飞虱）、营养高效（耐低磷、低氮）、抗逆性（干旱、冷寒）、优质高产等性状的筛选以及利用近红外光谱扫描技术对单粒稻谷直链淀粉和蛋白质含量的非破坏性测定分析，获得了大量抗病、耐旱、抗逆、优质等具有潜在育种利用价值和应用前景的新种质。同时培育出的优良品系，参加了国家及省级品种区域试验和示范推广试验，育成的矮秀占、中旱 3 号等新品种通过了国家及省级审定。这些技术成果充分体现了"少投入，多产出，保护环境"

---

① 雨亭等：《我国引进国际先进农业科技计划取得丰硕成果》，2005 年 10 月 10 日，见 http://www.gov.cn/jrzg/2005-10/10/content_75704.htm。

② 龙飞：《"948"：中国农业科技发展的战略抉择》，2004 年 9 月 17 日，见 http://jiuban.moa.gov.cn/zwllm/zwdt/200409/t20040915_244364.htm。

③ 龙飞：《"948"计划历经 8 年，神州农业硕果累累系列报道之二：参与全球水稻分子育种计划　全面提升我国稻米品质》，2009 年 9 月 11 日，见 http://jiuban.moa.gov.cn/zwllm/zwdt/200309/t20030901_114578.htm。

的目标，为中国水稻可持续发展奠定了良好的科技基础。该项农业引进支持计划的研究使得中国西北部干旱、贫瘠的地区可以种植水稻，使东南部水稻主产区生产水稻能够有效降低农业耗水，增强抗虫性，实现肥料的高效利用和有效缓解土壤退化和水体富营养化。

四、有效地增强了农民的科技意识与市场观念

在"948"引进项目中，约有 50% 的项目引进的是农业新品种种质资源。[①] 科技人员根据需要对这些品种进行改良后，培育出适合中国农业生产条件的新品种。由于新品种在初期阶段难以被农民接受，因此在品种的推广过程中，科技人员通过讲授、示范并带领农民对试验田间考察等多种形式向农民宣传新的品种，对农民进行技术培训，通过宣传和培训，农民既得到了新品种又得到了技术，同时还更新了观念，增强了市场意识。如在柑橘引进项目中，科技人员通过宣传柑橘新品种，讲授柑橘产前、产中和产后的相关技术知识，使得不少橘农懂得了进行农业生产要适应市场需求。为了提高柑橘产品的市场竞争力，许多橘农除了掌握柑橘种植技术外，还进一步将柑橘进行分级、打蜡，然后装进彩印的纸箱里进行出口。由此可见，引进先进的农业科学技术，不仅能够带给农民新的品种、传授新的技术，还能向农民宣传一种面向市场的新观念。

五、增加了农民收入，提高了收入水平

"948"引进项目自 1994 年实施至 2004 年，中国共引进高产优质、

---

① 龙飞：《"948"：中国农业科技发展的战略抉择》，2004 年 9 月 17 日，见 http://jiuban.moa.gov.cn/zwllm/zwdt/200409/t20040915_244364.htm。

抗病抗逆、适合不同生态条件、具有特殊功能的品种资源达 2 万份，育种用的材料达 50 万份。[①]这些引进的新品种经过科技人员改良推广以后，有效地带动了农民收入水平的提高。以柑橘为例，1997 年前后，中国柑橘品种结构很不合理，主要表现为老、劣品种多，中熟品种多，因此柑橘价格大幅度下跌，有的地方甚至出现了"卖果难"的现象，极大地影响了农民收入，进而影响了农民种植柑橘的积极性。面对这一情况，"948"计划专项安排引进资金 200 万美元，从美国、日本、澳大利亚、西班牙等国引进适合中国栽培种植的柑橘良种 62 个，引进种质资源 87 个。并从引进的品种资源中选择了 25 个有推广潜力的品种在四川、重庆、湖北、湖南、江西、浙江等 6 个柑橘主产省、市进行扩繁推广。发展到 21 世纪初，6 个省（市）建立了 1500 亩苗圃，共出圃优质苗木 35 万株、接芽 148 万个，建立了 6600 亩示范园，高接换种 49 万亩老、劣橘园。[②]通过这些项目的实施，中国不仅解决了柑橘优新品种少、早、晚熟品种少的问题，而且大大提高了柑橘果实的内在品质和外观质量，丰富了中国柑橘果品种类，填补了市场空当，有效地抵御了外国产品对国内市场的冲击，增强了中国柑橘产品的出口竞争力，增加了农民收入。如秭归县柑橘仅脐橙留树保鲜技术，就使农民增收 30% 以上；赣南、湘南等地通过大范围示范推广预植大苗定植技术，使柑橘结果时间比传统裸根种植提早 1 年，亩均效益达 6000 多元。[③]据不完全统计，仅在湖北、湖南、江西等 7 个省（市）示范推广

---

① 雨亭等：《我国引进国际先进农业科技计划取得丰硕成果》，2005 年 10 月 10 日，见 http://www.gov.cn/jrzg/2005–10/10/content_75704.htm。

② 《四两拨千斤——引进国际先进农业科技综述》，《人民日报》2003 年 9 月 8 日。

③ 邓秀新：《此生只为柑橘狂》，《农村新报》2006 年 8 月 27 日。

面积达 100 余万亩，产生了显著的经济效益。[①] 生产柑橘已成为长江流域柑橘主产区农民和地方财政增收的主要来源。

六、有力地推动了中国农业产业结构调整

在"948"引进计划的推动下，中国农业产业结构得到了进一步的优化和合理调整。以柑橘产业为例，通过技术引进，柑橘生产发生了巨大的变化，随着柑橘产业的发展变化，一些地区的农业产业结构也随之调整。在四川，柑橘是最大种植面积的水果，且在种植业中也仅次于粮、油、菜的生产，成为当地的支柱产业和农民增收的重要途径。[②] 湖北农民种植柑橘的积极性空前高涨，许多过去从没种过橘树的农民也开始种柑橘了，如 2017 年，秭归县柑橘种植面积已超过 30 万亩，产量达到 45 万吨，实现柑橘综合产值 20 亿元，脐橙已成为广大农民脱贫致富的重要的支柱产业。[③] 重庆柑橘的种植面积和产量在 2011—2015 年五年期间均呈现了增长的趋势，增长率分别达到 37% 和 56%，2016 年柑橘综合产值则达到 220 亿元，成为库区农民增收致富的重要支撑产业。[④] 湖南省是全国柑橘生产大省，自 2005 年产量一直位居全国第一。[⑤] 湖南围绕柑橘的产前、产后工作建立了一批柑橘批发市场、柑橘产业协会、柑橘洗果打蜡分级厂、包装纸箱厂等，柑橘产业及其他相关产业不断壮大。

---

① 刘志伟：《让农民增收，邓秀新获奖 200 万》，《科技日报》2018 年 4 月 3 日。
② 党寿光：《改革开放 30 年四川果树产业发展历程与成就》，《中国果业信息》2009 年第 12 期。
③ 陈鹏、如胜：《湖北秭归柑橘实现产值 20 亿　成脱贫致富支柱产业》，见 http://hb.people.com.cn/n2/2018/0118/c192237-31156728.html。
④ 麦地：《科技助力　重庆打造 300 亿元柑橘产业链》，《植物医生》2017 年第 2 期。
⑤ 姚季伦等：《湖南省柑橘产业发展战略之管见》，《湖南农业科学》2015 年第 2 期。

第三节　中国农业科技与发达国家存在的差距及其影响因素分析

虽然"948"计划的实施极大地促进了中国农业科技的快速发展，缩短了与发达国家之间的技术差距。但是到目前为止，农业技术领域的差距依然存在。这个总体差距究竟有多大？是哪些因素造成这种差距的存在是本书目前需要了解的，只有对这些问题的全面把握，才能更好地在未来确立中国的引进方略，从而更有针对性地发挥后发优势的作用。

为了准确地了解中国农业科技与发达国家的差距，本书在采用专家调查法获取相关数据的基础上，建立了相应的模型，试图通过定量分析法找出中国农业科技与世界发达国家存在的差距及造成这种差距的内在原因。

一、研究方法与模型选择

（一）研究方法

农业技术是一个综合概念，可以无限地细分成各个子单元，但从研究的角度和现实研究条件的限制（包括人力和物力以及现有的基础理论支撑）来考虑，并不是分得越细越好，因为分的很细虽然有利于判断差距年限区间，也会更加准确，但是对于农业技术总体差距的判断却并非有利。众所周知，一项技术发明只有运用到实际生产中并转化为现实生产力才能算是一项技术创新，所以一个微小的子技术（如克隆技术）或许能间接对农业生产产生巨大影响，但是并不是构成差距的直接因素。反过来，如对技术划分过粗，也同样不利于差距的准确判断。为此，选择一个合理的技术分类对研究结论的准确性至关重要。本书结合一些现有的研究成果（牛盾等，2004；张宝文，2004）和研究需要提出一个本书的技术分类（见图6-1）。

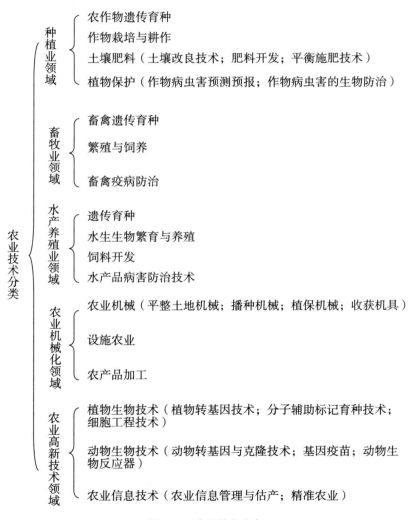

图6-1　农业技术分类

在从定量的角度研究技术差距时，如果同定性研究的思路一样，把中国的技术现状与发达国家进行比较，那样至少会产生两个较大误差：一是专家判断过于抽象，增大了判断误差；二是由于判断指标完全依赖专家的抽象判断结果，总体差距判断缺乏科学性。因此，需要换种思路，从产生差距的原因着手，即从差距产生原因推断差距年限区间。基于此，本书根据研究需要来选取相关指标设计问卷，并运用专家调查法获取问卷样本，然后通过建立有序 Probit 模型推断出中国农业技术与发达国家差距年限区间的概率，取概率最大的区间年限作为本书对差距年限的最终判断结果。

（二）模型选择

本书根据需要选择有序 Probit 模型对中国与发达国家在农业技术领域产生差距的因素进行分析，并推断差距年限的区间值。模型的输入为影响中国与发达国家农业技术产生差距的因素 x_{1i}–x_{mi} 构成的向量 X_i，输出为中国与发达国家在农业技术方面的差距 Y_i，如图 6–2 所示。下标 i 代表样本序号。因为 Y_i 为分类变量，因此定义一个连续隐式变量 Y_i，它应是 Y_i 的映射。此变量符合普通最小二乘法的条件，可与 X_i 构成线性关系：

$$Y_i^*=\beta X_i+\varepsilon_i \qquad (6-1)$$

式（6–1）中 β 表示参数变量；ε_i 表示随机误差变量，其满足标准正态分布。

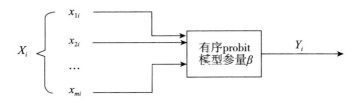

图 6–2　有序 Probit 模型的输入与输出

为了研究的需要，把被调查的专家样本按 5 个区间给出评价值，即：

若 $Y_i \leqslant 4$，则 $Y_i^* = 0$；

若 $4 < Y_i \leqslant \partial_1$，则 $Y_i^* = 1$；

若 $\partial_1 < Y_i \leqslant \partial_2$，则 $Y_i = 2$；

若 $\partial_2 < Y_i \leqslant 12$，则 $Y_i^* = 3$；

若 $Y_i > 12$，则 $Y_i = 4$。

在这里 ∂_1、∂_2 等为调查样本中专家最终估计的差距值通过折算后的差距值（具体折算标准和方法见下文详述）。其中 $4 < \partial_1 < \partial_2 < 12$，均为 Y_i 值突变的临界点，又称阈值，和 β 一样，都是待估参数。结合式（6-1），可以把上述区间划分改写成以下形式：

区间 1 　$\varepsilon_i \leqslant 4 - \beta X_i$

区间 2 　$4 - \beta X_i \leqslant \varepsilon_i < \partial_1 - \beta X_i$

区间 3 　$\partial_1 - \beta X_i \leqslant \varepsilon_i < \partial_2 - \beta X_i$

区间 4 　$\partial_2 - \beta X_i \leqslant \varepsilon_i < 12 - \beta X_i$

区间 5 　$\varepsilon_i \geqslant 12 - \beta X_i$

ε_i 的概率密度 $f(\varepsilon_i) = \dfrac{1}{\sqrt{2\pi}} e^{-\frac{\varepsilon_i^2}{2}}$

由此可见：

出现区间 1 的概率 $= \dfrac{1}{2\pi} \displaystyle\int_{-\infty}^{4 - \beta x_i} e^{-\frac{t^2}{2}} dt$

出现区间 2 的概率 $= \dfrac{1}{2\pi} \displaystyle\int_{4 - \beta x_i}^{\partial_1 - \beta x_i} e^{-\frac{t^2}{2}} dt$

出现区间 3 的概率 $= \dfrac{1}{2\pi} \displaystyle\int_{\partial_1 - \beta x_i}^{\partial_2 - \beta x_i} e^{-\frac{t^2}{2}} dt$

$$\text{出现区间 4 的概率} = \frac{1}{2\pi} \int_{\partial_2 - \beta x_i}^{12} e^{-\frac{t^2}{2}} dt$$

$$\text{出现区间 5 的概率} = \frac{1}{2\pi} \int_{12}^{+\infty} e^{-\frac{t^2}{2}} dt$$

（三）变量选择

从前人相关研究中可发现，造成技术差距的主要因素受到技术研究开发国的科研投入、科研主体、技术研究历史、科研基础和科研成果的影响，因此本书也从科研投入、科研主体、技术研究历史、科研基础和科研成果等因素入手对此问题进行研究。考虑到有些变量之间存在高度相关性，因此在选择变量时尽可能地选择具有代表性的变量。具体选择结果见表6-1。

表6-1　中国与发达国家农业技术差距产生的影响因素

一级指标	二级指标
科研投入	科研经费年投入（x_1）；科研人员数量（x_2）；科研设备的先进性（x_3）
科研主体	高等院校（x_4）；专门的科研院所（x_5）；企业（x_6）；其他（x_7）
技术研究历史	起步时间（x_8）；趋于成熟时间（x_9）；开始广泛使用时间（x_{10}）
科研基础	基础理论平台（x_{11}）；政府政策支持（x_{12}）；技术市场需求强度（x_{13}）
科研成果	发表学术论文（x_{14}）；出版专著（x_{15}）；申请的专利（x_{16}）

在选定指标后，我们可以把指标通过简单排序，得到以下两个向量：

$$\beta = \begin{pmatrix} \beta_0 \\ \beta_1 \\ \beta_2 \\ \beta_3 \\ \cdots \\ \beta_{16} \end{pmatrix} \qquad X_i = \begin{pmatrix} 1 \\ x_1 \\ x_2 \\ x_3 \\ \cdots \\ x_{16} \end{pmatrix}$$

代入式（7-1）中的 X_i 得到：

$$\beta X_i = \beta_0 + \sum_{j=1}^{16} \beta_j X_{ji} \qquad （6-2）$$

这里虽然用 16 个变量的线性组合形式表示中国与发达国家农业技术领域的差距的总体评价，但是模型的内在关系是非线性的。由于 ε_i 满足正态分布，所以选择有序 Probit 模型进行处理，可以得出各影响因素的回归系数，即 β_0-β_{16} 以及 ∂_1，∂_2 的估计值。

二、数据来源与基本情况

（一）调查方法

要通过定量分析法估计中国与发达国家在农业技术领域里的差距，必然涉及数据收集问题。然而受技术专业性强的特征以及实地调查的条件有限性的影响，如果采用调查员进行实地调查，一是成本高，二来调查数据误差大，而采用专家问卷调查就可以克服这两个弊端。基于此，本书借助各个技术领域里的专家，通过采用德尔菲专家调查法（Delphi Method）来获取相关指标的具体数据。所谓德尔菲法是 20 世纪 40 年代由奥拉夫·赫尔姆（Olaf Helmer）和诺曼·达尔克（Norman Dalkey）首创以后，经过戈尔登（T.J.Gordon）和兰德公司（RAND Corporation）进一步发展而成的一种调查方法。德尔菲法依据系统的程序，采用匿名发表意见的方式，即专家之间不得互相讨论，不发生横向联系，只能与调查人员发生联系，通过多轮次调查专家对问卷所提问题的看法，经过反复征询，归纳，修改，最后汇总成专家基本一致的看法，作为预测的结果。这种方法经过大量的实证表明具有广泛的代表性，调查结果较为可靠。

（二）样本的选择

在调查之前，本书根据研究的需要把农业技术分为 5 个大类、17 个小类（见图 6-1）。在分类的基础上，根据各个高等院校和科研机构在网上公布的专家名单，重新构建一个分领域的专家库，专家库中包括该专家近年研究方向，个人相关信息以及具体的联系方式。在专家基本信息的基础上，通过随机抽样方法，[①] 在库中抽取专家名单，每小类抽取 20 位专家。共抽取了 340 位专家进行问卷调查。考虑到时间和成本问题，采用电子邮件的方式进行调查，并根据需要及时用电话同专家进行指标解释和相关情况沟通。最后剔除无效问卷，共回收 105 份有效问卷用于数据分析。

（三）样本变量的基本情况

在回收完问卷后，依据研究需要对数据进行了处理，主要有以下两种处理方法：

第一，对于专家最后给出的该领域中国与发达国家之间的差距，采取该领域对中国农业产值的贡献率（见表 6-2）的大小作为权重进行一个折算。这主要是出于缩小国家与国家之间不同国情决定的差距，例如有的技术可能不适合某国使用，那么该国很有可能会在该领域里减少研究投入。对 2002—2004 年各领域对农业总产值的贡献率进行一个平均，取平均数为折算权重。

---

① 说明：本书在随机抽样时，首先在每一个小类中把专家进行随机排序，通过抽签的方法确定初始抽样专家，然后每隔一个专家抽取下一个专家，直至抽满为止。

表6-2　农林牧渔业总产值构成一览表（2002—2004年）

单位：亿元、%

项目 年份	农业总产值		种植业		畜牧业		水产养殖业	
	绝对值	相对值	绝对值	相对值	绝对值	相对值	绝对值	相对值
2002	26179.6	100.0	15401.6	58.8	7963.1	30.4	2815.0	10.8
2003	27390.8	100.0	15965.0	58.3	8454.6	30.9	2971.1	10.8
2004	29691.8	100.0	16110.0	54.3	9538.8	32.1	3137.6	10.6

注：此处种植业产值包括了林业产值，且绝对值均以当年价格计算。

资料来源：中国农村统计年鉴（2002—2004）。

第二，对于各指标的取值，主要是通过取相对数来得到的数值。即中国相对于最发达国家在该指标取值的相对数。另外由于科研主体中的"其他"项数据缺失严重，为了不影响总体结果，把该变量放在随机变量中考虑。

所选变量的均值和方差如表6-3所示。

表6-3　变量均值和方差

变量	选项	均值	方差
科研投入	科研经费投入 x_1	0.3187	0.059
	科技人员数量 x_2	1.3589	3.538
	科研设备的先进性 x_3	0.5956	0.058
科研主体	高等院校 x_4	1.4369	1.038
	专门的科研机构 x_5	1.6949	1.479
	企业 x_6	0.3103	0.079
技术研究历史	起步时间 x_8	−135.3137	2868211
	趋于成熟时间 x_9	−98.1078	450141.7
	广泛使用时间 x_{10}	−198.2451	694485.8

续表

变量 \ 选项		均值	方差
科研基础	基础理论平台 x_{11}	0.5275	0.057
	政府政策支持 x_{12}	0.6815	0.116
	技术市场需求强度 x_{13}	1.0922	0.937
研究成果	发表论文 x_{14}	0.5771	0.099
	出版专著 x_{15}	0.5881	0.277
	申请的专利 x_{16}	0.3696	0.060

三、计量分析

对于有序 Probit 模型需要采用最大似然法（Maximum Like Estimation Method）对模型中的参数和阈值进行估计。对数似然函数如下：

$$L(\beta_0, \beta_1, \beta_2, \cdots, \beta_{16}, \partial) = \sum_{\forall y_{i-0}} \ln[Pr(y_i=0|x_i, \beta_0, \beta_1, \beta_2, \cdots, \beta_{16}, \partial)]$$

$$+ \sum_{\forall y_{i-1}} \ln[Pr(y_i=1|x_i, \beta_0, \beta_1, \beta_2, \cdots, \beta_{16}, \partial)] + \sum_{\forall y_{i-2}} \ln[Pr(y_i=2|x_i, \beta_0, \beta_1, \beta_2, \cdots, \beta_{16}, \partial)]$$

$$+ \sum_{\forall y_{i-3}} \ln[Pr(y_i=3|x_i, \beta_0, \beta_1, \beta_2, \cdots, \beta_{16}, \partial)] + \sum_{\forall y_{i-4}} \ln[Pr(y_i=4|x_i, \beta_0, \beta_1, \beta_2, \cdots, \beta_{16}, \partial)]$$

利用迭代法对上述对数似然函数求最大值，得到 β_0，β_1，β_2，$\cdots$，β_{16}，∂ 的估计值（见表 6-4）。

表 6-4 农业技术差距影响因素分析

自变量名称	系数	t 值的绝对值	Z 统计量
科研经费投入 x_1	0.071	0.130	0.549
科技人员数量 x_2	0.162	0.091	1.786**
科研设备的先进性 x_3	−0.134	0.158	−0.847
高等院校 x_4	−1.181	0.211	−5.595***
专门的科研机构 x_5	0.742	0.151	4.902***

续表

自变量名称	系数	T 值的绝对值	Z 统计量
企业 x_6	0.083	0.109	0.764
起步时间 x_8	−0.278	0.146	−1.907**
趋于成熟时间 x_9	0.373	0.209	1.782*
广泛使用时间 x_{10}	0.088	0.154	0.571
基础理论平台 x_{11}	0.375	0.195	1.922**
政府政策支持 x_{12}	−1.120	0.236	−4.735***
技术市场需求强度 x_{13}	−0.085	0.162	−0.524
发表论文 x_{14}	0.348	0.248	1.402*
出版专著 x_{15}	−0.290	0.199	−1.459*
申请的专利 x_{16}	0.380	0.203	1.869**
∂_1	7.09	0.154	0.763*
∂_2	8.64	0.026	1.412

注：*** 表示在 1% 的水平上显著，** 表示在 5% 的水平上显著，* 表示在 10% 的水平上显著。

由模型的结果可以得出以下几点：

第一，由回归系数可以确定 5 个区间的具体评价值，即：

区间 1　$Y_i \leqslant 4$

区间 2　$4 < Y_i \leqslant 7.09$

区间 3　$7.09 < Y_i \leqslant 8.64$

区间 4　$8.64 < Y_i \leqslant 12$

区间 5　$12 < Y_i$

由此，第 i 个样本出现在区间 j 的概率为：

$$L_i = \frac{1}{\sqrt{2\pi} \prod\limits_{j=0}^{4}} \left[\int_{l_{j-1}}^{l_j} e^{-\frac{t^2}{2}} d_t \right]^{D_j} \qquad (6-3)$$

其中，D_j 为区间标志符。l_j 是指区间的临界值。由于各个样本是相互独立的，因此当样本为 n 时，总的差距处在某个区间的概率为：

$$L = \prod_{i=1}^{n} L_i \qquad (6-4)$$

把样本值和回归系数代入式（6-3）和式（6-4）中，得出的结果见表6-5。

表6-5 技术差距处在特定区间的总体概率

区间	总体概率
区间1：$Y_i \leq 4$	0.018
区间2：$4 < Y_i \leq 7.09$	0.117
区间3：$7.09 < Y_i \leq 8.64$	0.675
区间4：$8.64 < Y_i \leq 12$	0.137
区间5：$12 < Y_i$	0.053

从表6-5可以看出，技术差距处在各个区间的概率各不相同，但是比较集中于区间3，即中国与最发达国家在农业技术领域的差距最大可能是在区间（7.09，8.64］，即中国与发达国家在农业技术领域的差距最可能是7—8年之间。

第二，科研投入是产生技术差距的重要影响因素。从表6-4可以看出，科研投入中的科技人员数量这一变量对产生差距的影响显著。其中，科研经费投入与科研人员数量对差距的产生有正的影响，科研设备的先进性对差距产生的影响为负值，但不显著。这可能是由于中国与发达国家目前在科研设备上的差距很小或者几乎没有差距。以上结果表明：相对于发达国家来说，中国科研经费投入越多、科技人员尤其是高素质科研人员越多越能缩短农业技术差距，而科研设备的先进性对缩短技术差距不明显。

第三，科研主体的不同组合方式对造成中国与发达国家农业技术领域差距影响明显。从表6-4可以看出，中国是以高等院校进行技术研究开发为主，专门的科研机构次之，企业为辅。这与发达国家正好相反，发达国家是以企业研发为主，专门的科研机构次之，高等院校为辅。仅从系数来看，以高等院校为主会拉大技术差距，而以企业和专门的科研院所为主进行技术研究开发则会缩短技术差距。在问卷中，对于"您认为在★国①的科研主体中，对该技术研究贡献率最大的是＿＿＿＿＿；同时中国科研主体对该技术研究贡献率最大的＿＿＿＿＿。"的问题回答时，对于★国，选择高等院校的占总样本的40%，选择专门的科研院所的占19%，还有41%的选择企业；而对于中国来说，选择高等院校的占总样本的61%，选择专门的科研院所的占1.9%，还有37.1%的选择企业。这与发达国家形成了明显区别。

第四，技术研究历史对产生技术差距的影响总体非常显著。从表6-4中可以看出，相对于发达国家，技术研究的起步时间对产生技术差距的影响十分显著，但是影响是反方向的，即在一定时期内一国技术研究起步越早越能产生技术差距，而起步时间越接近则差距越小，这点通过国家直接引进技术节省自主摸索的时间消耗，而且经过消化吸收已体现出后发优势的显示情况给予验证。而趋于成熟的时间对产生技术差距的影响较为明显且是正面的，即趋于成熟的时间越早越能缩短技术差距。相对来讲，开始广泛运用的时间对技术差距产生的影响则不明显。

第五，科研基础对产生技术差距的影响非常明显。其中基础理论平台对中国与发达国家存在技术差距的影响是积极的，即相对于发达

---

① ★国指在被调查专家研究的技术领域里，最发达国家。

国家来说，中国基础理论平台越稳固越扎实，越有利于缩短中国与发达国家之间在农业技术领域里的差距。而政府的政策支持对技术差距的影响极其显著，但却为负值，反映出中国政府政策支持力度越弱越会拉大差距，也就是说，中国与发达国家进行比较，政府的支持力度差距越大，对造成技术差距的影响越明显。技术市场需求强度同政府政策支持对产生技术差距的影响是相同方向的，即相对于发达国家来说，中国技术市场需求强度越弱，越会拉大技术差距。在所有调查样本中，认为要加大基础理论建设的占61%，认为要加大政府支持力度的占30.5%，认为要加大外部环境建设的占4.8%，而认为加大其他建设，如资金投入和知识产权保护，只占3.8%。由此可见，政府在技术创新方面发挥着重要作用。

第六，研究成果是产生技术差距比较重要的因素。从表6-4中可以看出，相对于发达国家来说，中国在专业技术领域里，发表论文的综合评价（包括数量和质量）越高越能缩短技术差距，而出版专著的综合评价（包括数量和质量）对缩短技术差距的影响是成反作用的，这一结论暂时还找不到解释的依据。申请专利的数量相对于发达国家来说越多也越能够缩短技术差距。

由于中国与发达国家仍然存在着一定的技术差距，因此，引进发达国家先进农业科学技术可以节约研发成本，降低研发风险，尽快进行技术变迁，充分发挥后发优势。

第四节　农业科技引进消化吸收再创新的管理体制探索

根据上述中国与发达国家农业科技差距实证分析的研究结论，要提高农业科学技术引进创新的效果，缩短与发达国家在农业技术领域的差距，就有必要建立科学、合理的农业科技引进、消化吸收再创新的管理体制。

一、充分遵循农业生产周期较长的内在规律

目前"948"项目已开始通过滚动项目的形式支持有发展前景的引进项目的深入研究工作，由此可见，在项目管理上，政府部门越来越尊重农业科研的自身规律，同时又考虑到促进科研工作者产出成果积极性的调动。但是，随着项目的进一步开展，受资金、科研力量等资源的约束，今后应重点针对大有潜力的引进项目进行长期稳定的支持，做到引进一项、消化吸收一项、推广一项，为中国农业发展作出更大的贡献。

二、建立以企业为主，高等院校和专门科研机构为辅的科研结构

经国内外实践证明，技术是经济增长的"发动机"。中国农业技术支撑薄弱，一个体制性的原因是中国农业科研开发以高等院校和科研院所为主导，企业研发所占比重非常小。而科研机构实行"出成果、出人才""先研究技术，后找市场"的科研方针，与企业所需要的"出产品、出效益""先研究市场，后研究技术"的科研方针相背离。其结果是，科研机构的科研成果与企业生产实际所需的技术相脱节，产学研相结合的运行机制尚未完全形成。因此，中国应以企业为主体，以市场为导向，通过体制和机制创新，建立有效的企业消化吸收与自主开发的新机制。

三、加强公共科研设施投入，加大基础理论平台建设

公共科研设施是支撑科研工作有序开展和实现效果最大化的重要物质支撑条件，尤其在平台建设方面，更是如此。基础理论平台建设直接关系到对引进技术的吸收和再创新，今后国家应加大对基础理论研究的科研投入，对于一些基础学科建设也应提供足够的建设资金，以促进中国基础理论的快速发展。

四、改进和完善管理方式，提高引进项目的利用效果

先进的生产技术需要先进的生产管理方式，由于中国引进的农业科学技术相对国内同类技术来讲，水平较高，从而需要较高的管理水平，这也对中国传统的管理方式提出了挑战。因此，相关管理机构要不断更新管理观念，采用适合新技术需要的方式来进行管理，以充分发挥新技术的效果。

第七章　中国农业科技自主创新管理体制的缺陷分析

多年来，中国一直采用的是政府主导型的农业科技自主创新管理体制，政府主导型农业科技政策在相当长的一段时期内对于中国农业的发展起到了积极的作用，但是随着市场经济的不断推进以及自主创新科技目标的制定，政府主导型科技政策在一定程度上已经阻碍了科技创新的开展。本章主要是在对原始创新、集成创新、引进消化吸收再创新分析的基础上，对于政府主导型农业科技管理体制的缺陷进行全面分析，从而为管理体制改进方向的确立奠定基础。

第一节　农业产学研合作效果欠佳

罗伯特·索罗（Robert M.Solow，1957）对美国从 1909 年到 1949 年的经济增长进行研究时发现，美国 87.5% 的经济增长是由技术进步引起的，这个结果加快了各国利用科技推动经济增长的步伐。中国也非常重视科技对于经济发展的重要性，为了更好地促进科技与经济的结合，提升科技自主创新能力，相关部门提出了推动产学研之间加强相互合作的要求。所谓产学研合作通常是指以企业为主体的技术需求方，与以科研院所或高等学校为主体的技术供给方之间的合作，其实质是促进技术创新所需各种生产要素的有效组合。产学研的分工合作方式有利于自主创新能力的提高，是中国实现国家自主创新战略的必然选择，产学研合作必须以企业为主体，与学校和科研单位相结合，提高中国科技自主创新能力。

但是，目前中国农业产学研合作工作还面临着很多难题，阻碍农业企业和科研单位进一步合作的因素，除了企业自身存在的不足之外，还有以下几个主要问题：

一是企业投入的科研经费比例有待提高。产学研合作中，科研单位投入智力资源，企业投入科研经费，双方合作共同产出科研成果并将科研成果进行转化，从而取得较高的经济效益。但是，农业企业自身拥有的资金往往大部分用于生产和经营过程中，没有足够的资金满足产学研合作的研发经费需求。据统计，研究与开发机构中，来自企业委托科技项目的研发经费占其总经费的 2.63%，而国家科技项目的研发经费占其总经费的比例则高达 75.80%，高等学校获得企业委托科技项目的研发经费占其总经费的 31.78%，也低于国家科技项目投入的研发经费。[①] 这在一定程度上影响了产学研合作的效果。

二是利益分配机制难以满足合作双方的需要。这里的机制问题，是指产学研合作双方利益合理分配的问题。在市场经济体制下，产学研合作各方都是独立的利益主体，合作过程中风险如何分担，利益如何分配成为双方共同关注的问题，一旦处理不好，将会影响到双方合作的关系。缺乏客观标准从而难以确定合理的利益分配机制成为阻碍

---

① 国家统计局社会科技和文化产业统计司、科学技术部创新发展司编：《中国科技统计年鉴2017》，中国统计出版社 2017 年版。

农业企业和科研单位开展产学研合作的主要原因之一。

三是知识产权归属纠纷时有发生。产学研合作旨在充分发挥合作各方主体的优势，促进科技进步和经济发展，但各主体之间存在着不同的利益诉求，而农业企业和科研单位在合作过程中存在着信息不对称现象，农业企业对科研单位的研发能力、研发水平和诚信程度等方面的了解不够充足，科研单位对农业企业的组织管理协调能力、经营管理水平和诚信程度等方面的信息也掌握不充分，因此合作中不可避免地会产生一些矛盾，而矛盾产生的最主要原因是农业企业和科研单位合作过程中在知识产权的归属方面存在争议。

第二节　农业科技难以完全适应中国农业生产实际需求

技术的采纳情况影响着科技自主创新的进程，由于农业企业生产所用的原材料往往来源于农户，所以很多农业新技术的直接应用者往往是农民，因此，农户采用新技术的程度决定了自主创新的程度。面对一项可供选择的新技术，作为最终采用者的农户是否采用，技术的可适性便成为关键因素。

但中国以农户为主体的家庭联产承包责任制和分散经营以及规模较小的现实不利于农业技术的采纳，由此造成了众多成果闲置。经过"九五""十五""十一五"和"十二五"国家科技攻关，中国农业关键技术已经取得了很多成果，在节水、生物防治等生产技术方面缩小了与发达国家的差距，有些技术指标甚至还优于发达国家，全国平均每年约有7000多项农业科技成果问世，[①]但对农业发展的推进程度却并不

---

① 《破除农业科技成果转化体制机制障碍》，《人民政协报》2015 年 3 月 25 日。

理想，农业效益依然低下，农业科技成果平均推广率只有 40%，远远低于发达国家 80% 的水平，[①] 不少科技成果存在着技术内容重复、适应范围局限，甚至有些不可推广应用等问题。而广大农民需要购买的农业技术却难以买到，甚至大多数农民只能选择雷同的技术，这样给农民选择新技术带来了极大的不便。其直接原因在于所研究的科技成果本身难以符合农业生产的实际需要，其深层次原因则在于原有农业科技导向存在着问题，因而阻碍了农业科技自主创新的快速发展。

长期以来，中国农业科技一直是以政府导向为主的。政府导向型农业科技最大的优势所在就是科技工作能够很好地根据政府的目标来制定农业科研的方向，从而满足国家宏观需要。其具体体现在两个方面：一是从政府需求方面来讲，能够从全国或者地方的角度切实缓解一些政府所面临的严峻形势。农业是国民经济的基础，农业不仅提供给农业生产者所需的食物，而且对国民经济其他部门具有产品贡献、市场贡献、要素贡献和外汇贡献。政府导向农业科技能够较好地指挥农业满足这些需求。如在改革开放初期，中国农业生产力水平低下，作为食用与原材料的农产品绝对短缺，与当时的现实相适应，政府导向型的农业科技政策使得农业科技工作是一种"政府下指南、专家评审申请书、政府下达立项通知、专家鉴定成果、政府评奖"的运行模式。虽然这种模式很好地迎合了当时农业的需求，提高了农产品的供给量，增加了农户的收入，并且进一步调动了农民采用农业科学技术的积极性，但对科研主体的积极性发挥和重视不够。二是从整个国家的农业技术的国际地位、国际影响来讲，农业科技要赶超世界先进水

---

① 余靖静、王政：《我国"十一五"期间农业科技成果转化率仅四成左右》，2011 年 11 月 8 日，见 http://www.gov.cn/jrzg/2011-11/08/content_1988343.htm。

平。如在生物技术、数字农业、节水灌溉技术、农产品加工技术等方面需要开展超前研究，为实现农业现代化发展目标提供强有力的技术支撑。政府的这种目标需求使得其科研政策能够有效地确保自身需求的实现。

从以上宏观角度来讲，政府导向型农业科技政策很好地满足了政府部门的愿望，然而，从农业科技服务的终端——农户这个微观的角度来讲，现有的政府导向型农业科技所起到的作用却是需要改进的，并且在农业生产中需要进一步发挥应有的作用。

一、政府导向农业科技政策难以解决不同地区之间科技经费数量差距较大的难题

越发达的地区研究经费越充足，越贫穷的地区研究经费越短缺。从科研经费的来源渠道来讲，中国科研经费主要有五大来源：国家级科技经费，如国家"973"计划项目经费、国家科技支撑计划经费以及国家重点研发计划项目经费等；国家部委的科技经费，如科技部、教育部等部门的科技经费；省、直辖市、自治区的科技经费；企事业单位委托的横向科技经费；国际合作科技经费以及自筹科技经费等。其中，来自政府的支持则是农业科技经费的主要来源渠道，以 2017 年为例，在 91 所高等农林院校的科技经费中，有 80.66% 的经费来源于政府部门。[①] 国家级与国家部委的科技经费是在全国范围内进行分配的，这个层次的科研项目是根据项目指南进行申请的，往往是从全国全局的角度来加以考虑的，这一部分经费在每个地区的差异主要视申请书的评审情况而定，从科技工作人员的能力来讲，相对是公平的。然而

---

① 中华人民共和国教育部科学技术司编：《2017 年高等学校科技统计资料汇编》，高等教育出版社 2018 年版，第 14 页。

科研经费的主要差别就在于省、直辖市、自治区的科技经费与企事业单位委托的横向科技经费这一层次上，发达地区经济状况较好，相应地对于科技的投入也就相对较多，而贫困地区限于财力状况，对科技的投入也就远远地低于发达地区的投入大度，有些发达地区的省基金项目经费相当于贫困省区基金项目经费的几倍甚至上十倍，这就造成了中西部地区农业科技经费较为短缺，农户生产技术的改进也就更加难以进行。

二、政府导向型农业科技难以完全适应中国农业生产的现实

中国农业的现实国情表现为三个方面：一是生产规模小。由于大部分农业科技成果的使用离不开土地，农民对土地的使用状况决定着对科技成果的采纳情况。中国实行家庭联产承包责任制以后，农业生产多以一家一户为单位，生产经营规模较小，中国农户户均耕地面积只有7亩多，仅为欧盟的1/40、美国的1/400，[①]而且地块分散，较多从事多种作物种植。应用新技术后，往往达不到规模效益，从而影响到农民对技术成果采纳的兴趣。尤其是对那些综合性强、需系列配套和区域连片应用的技术成果，其有效需求更低。二是农户的组织化程度低，采取分散的经营形式，相互之间缺乏有效的组织联系，使农户得到有效的技术创新支持需要支付更高的交易成本。三是农业产业结构不断调整。随着市场经济的发展，农户经营的目标逐渐由追求总量最大化转变为总收益最大化。这样，农户就会根据本地资源的优势特点，实现种植业结构的多元化，进而对农业技术的需求结构逐步扩大。由于农民主体的多元化和对新技术需求的异样化，使得农民在农业科技

---

① 乔金亮：《农业调整重在优化经营结构》，《经济日报》2018年5月9日。

的需求与应用方面存在诸多差异。他们不仅需要常规技术，而且需要大量的适用技术和综合技术；需要种、养、加、销等一般性知识和技术；需要在农业结构调整过程中，发展特色农业经济所需要的高新技术和相关专业技术知识以及经营管理知识；需要提高农民生活质量所必需的各种知识。而作为农业技术供给主体的科研院所、技术推广和服务机构仍以粮棉油种植技术和传统养殖技术为重点，仍为农业生产提供单项技术支持与技术服务，难以提供多领域、多层次的配套技术，完善的产前、产中和产后的技术服务，以及农户急需的高品质、高效益的农业增值技术，因而难以使农户对农业科技的潜在需求转变为现实的需求。

三、政府导向型农业科技难以完全适应不同类型农户的多样化需求

自从实行家庭联产承包责任制以后，在中央富民政策的鼓励下，很多农户在较短时间内摆脱了贫困，经济状况有了明显的改善，但是由于多种因素的影响，农户的经济状况并不是处于同一层次上的，农户的经济状况出现了分化，由于不同农户所占有的农业资金、设备和土地不同，他们对农业科技的需求差异也很大。在农业发展过程中，各类农业生产要素的自由流动和重新配置一直处于动态之中。伴随着农业科技的切入和农业产业化的发展，生产要素特别是土地向少部分农户手里集中，一部分农户必然成为农村的各类"大户"。这里将农户分为高收入农户与中低收入农户两个层次。第一层次是少部分高收入农户，改革初期，一小部分有文化、有见识的农民很好地抓住了当时改革中的契机，在当地农村率先富了起来。富裕起来的具有投资能力的少部分农民，渴望得到高科技含量的新成果、新技术；第二层次便

是中低收入农户。中低收入农户缺乏资金和生产技术、缺乏市场信号和价格信号，处在寻求适合在当地发展的成熟的配套技术状态，由于他们承担风险的能力较弱，相对较为保守和谨慎。对于农民科技需求的多样化，政府导向型农业科研政策很难满足不同类型农户不同需求的实用科学技术。

四、政府导向型农业科技会出现有效技术供给不足的现象

所谓农业科技有效供给不足是指缺乏高质量的先进、成熟、适用的技术成果，难以满足农业发展的实际需要。当前，农产品消费结构与农业科技需求发生巨大的变化，而农业科研政策仍然是单一的政府导向型的，政府通过农业科研项目的指南、技术创新的指南以及公益性的推广服务，来推动农业科技发展与农业生产的进步。在政府科技导向的推动下，无论国家还是地方的农业科研机构和高等院校、农业技术推广机构等作为农业科技供给主体的单位，由于其科研、推广经费主要来源于政府，科研选题立项、技术推广项目的选定受政府目标的限制，因此他们所从事的科技工作要紧紧围绕政府的目标、以单位的利益为导向，从而在一定程度上脱离了广大农户生产的实际需要，造成了政府、农业科研院所、农业科技的创新和推广与农民的技术需求脱节。有关数据显示，中国每年取得农业科技成果7000多项，但其中大部分都停留在作品、展品、样品阶段，并未投入实际生产应用，没有给社会带来应有的效益。

五、政府导向型科技不能完全满足农业科技长远发展的需要

由于政府整体的财力资源是在整个国民经济的范围内进行统一调

配的，鉴于农业的比较利益通常低于其他产业，因而为了整体经济发展的需要，极易造成倾向于对其他产业科技研究工作的优先投入，使得农业科技工作由此而会进一步受到影响。这在地方政府的科技投入行为上，表现更为突出。

六、政府导向型农业科技需要借助政府的力量进行科技成果推广

由于农户对政府导向型农业科技政策下的科学技术往往缺乏内在的自觉需求，加之经济力量脆弱，有明显的躲避风险的意识，害怕采用新技术。其结果是科技成果不能迅速地扩散和传播，往往只能由政府从上而下推广，或者通过行政部门、计划部门、专家宣传来推进，甚至不少科技成果被束之高阁，难以扩散和应用于实际生产之中。

第三节　知识产权保护制度尚不健全

知识产权保护有利于自主创新的开展，主要表现为：第一，知识产权保护能够保障自主创新。对于企业而言，创新不仅需要大量的投入，而且要承受巨大的风险，鼓励企业创新，必须保证企业创新活动能够获得补偿和收益。完备的知识产权保护制度，是促进自主创新的重要外部条件。中国建立知识产权制度时间较短，保护知识产权的社会意识还有待加强，尽管政府采取了许多措施，但是侵犯知识产权的问题仍然大量存在，一些企业的创新技术尚未得到有效保护，这主要由于执法不严，处罚力度不够，往往因侵犯知识产权成本偏低而使侵权者敢冒天下之大不韪。因此，加大执法力度，加强与知识产权制度

相配套的法律环境和市场环境建设，对于保障和促进企业自主创新，具有十分重要的意义。第二，知识产权保护能够推动自主创新。自主创新的目的是要掌握科技发展的主动权，没有主动权就没有创新的机会。要掌握科技发展的主动权就需要知识产权制度予以保障，知识产权的保护能够推动技术创新。

在新制度经济学家看来，知识产权归谁所有并不是重要的问题，关键的问题是要能够使资源得到有效使用，使生产要素得到最佳配置。效率是知识产权转让的实质。初始阶段对拥有知识产权资源的使用可能是低效的，但是通过转让和交易，让有能力的人得到资源的使用权，则知识产权就会变成高效的。这就需要建立起一种有效的产权制度，促使产权能够顺利地从低效使用资源的人手中转移到高效率使用资源的人手中，这样就会使得整个社会的效率得到快速提高。而中国目前知识产权的管理还难以达到这一境界。中国知识产权管理还存在很多问题，主要体现在：一是享有知识产权的科技成果开发不足。尽管知识产权在成果转化中的重要性已得到普遍认可，但对许多科研院所而言，如何有效地管理、使用其产权却是一个难题。许多科研院所的研究成果大部分都没有得以开发利用，更谈不上得到充分开发。这对科研院所、企业单位及对其所在地区和国家的经济发展来说，都是一种很大程度上的损失。二是知识产权的稳定性与延续性受到挑战。知识产权的稳定性与延续性是有效知识产权的基本特征之一。从长远来看，人们积累知识产权的一个动机就取决于对未来的预期。产权的延续性和稳定性有利于知识产权的保护。但是，无论是在中国还是在一些发达国家，在知识产权的管理中，普遍存在着一个不容忽视的问题，那就是知识产权维持费用太高。当科研单位在国内获得了某项知识产权后，往往还需要进一步获得其他国家知识产权的保护，或者寻找合适的企业伙伴进行合作开发或深入研究，所有这些都不可避免地导致了巨额的费用支出。对一般科技项目承担单位而言很难负担这些费用，所以许多单位往往无力在全球甚至是本国范围内保护其知识产权，由此，知识产权的稳定性与延续性受到了威胁。三是知识产权的实物性与价值性难以统一。知识产权也可以看作是使用价值与价值的统一体。现在有些科研院所过于看重知识产权归谁所有，而忽视了知识产权价值性的一面。有些科研单位虽然手中掌握着有知识产权的科研成果，却不知道如何发挥其价值，而一些科研人员、一些投资者则拥有利用该成果产生巨大效益的途径，此时，科研单位却因为知识产权及管理等方面的原因，宁可只享有该成果的知识产权却不肯实现其作为价值的属性。担心知识产权流失的观念在一定程度上制约了科技成果转化的步伐。四是知识产权利益分配机制还不够完美。为了增强中国在国际上的竞争力，就要提高中国自主创新能力，就要积极鼓励科研院所与产业部门的结合，推动科技成果转化。在成果转化过程中，要保证科研人员及其所在单位的利益，这是激励科研成果开发的有效措施之一。为此，政府应制定与分享科研成果和经营知识产权获取经济回报的相关规定。而中国目前还缺乏这样一种规定，由此对科研人员及其单位就缺乏必要的激励。

第四节　农业科技入户工程难以真正落实到位

农业科技入户，是适应家庭承包经营的重大科技推广制度创新，是大力提高农民科技文化素质和科学种田水平的重要举措，是当前推动农业科技进步，转变农业增长方式的着力点。农业科研单位尤其是高等农林院校要充分发挥自己在人才和成果方面的优势，鼓励科技人员深入生产第一线，进村入户，推广示范科技成果，促进科技与经济的紧密结合。在此以高等农林院校为例，分析农业科技入户目前所面临的基本问题以及如何实施入户工程。

一、农林高校具有支持科技入户的内在优势

（一）中国"三农"的现实迫切要求高等农林院校将服务农业作为主要职能之一

农业是国民经济的基础，"三农"问题一直是党中央高度重视和关注的重要经济社会问题，高等农林院校是农业科学研究的主力军，担负着科教兴农的重要使命。为此，作为教学、科研机构的高等农林院校，应大力加强农业科学研究，提高农业生产的科技含量，为农业增产、农民增收和农村社会的稳定发展做贡献。

（二）高等农林院校是培养高质量、实用农业科技人才的重要阵地

高等农林院校是培养农业人才的摇篮，在知识创新的过程中产出优秀人才。高校科学研究与人才培养的互动是高等农林院校的一个重要特征。此外，利用高等学校的教育资源，为农村培育实用农业技术人才也将显得十分必要。2017年年底，中国乡村常住人口57661万人，[①]农民工总量28652万人。从文化程度上来看，未上过学的占1%，小学文化程度的占13%，初中文化程度占58.6%，高中文化程度占17.1%，大专及以上占10.3%。从接受技能培训的农民工占比来看，2017年，接

---

① 国家统计局：《2017年经济运行稳中向好、好于预期》，2018年1月18日，见 http://www.stats.gov.cn/tjsj/zxfb/201801/t20180118_1574917.html。

受过农业或非农职业技能培训的农民工占 32.9%。①

　　缺少一技之长的农民不仅增加了就业压力，而且也会对社会稳定带来一定负面的影响。因此，加强农民培训，对于增加农民收入，提升农民精神生活的质量和维护社会稳定具有重要意义。

　　（三）高等农林院校是发展农业科学研究的主力军

　　农业科学是研究农业发展的自然规律和经济规律的科学，涉及农业环境、作物和畜牧生产、农业工程和农业经济等多种科学。农业生产对象的多样性和生产条件的复杂性，决定了农业科学宽泛的范围和繁多的门类，其中有侧重基础理论的，也有侧重应用技术的。随着有关学科的相互渗透，新的研究领域层出不穷，学科内容范围还在不断扩大。在农业生产发展需要的推动下，当前农业科学不论在微观或宏观领域里都在继续向前发展。尤其引人注目的是由于许多农业生产问题的解决，要求多学科、多专业的配合，农业科学在不断细分的基础上走向综合的趋势正在加强，从而催生了不少新的学科和新的专业；高等农林院校是农业科学知识创新的源头，在培养人才的过程中产出创新成果。高校多学科综合交叉，知识生产和传播相结合以及高校自由的学术氛围，决定了高校是最具有活力的知识生产的发源地，高校在发展农业科学中发挥主力军的作用；高等农林院校科学工作者对农业的特点、农民的经验研究较多，他们的科学研究对农村、农业的发展以及农民的增收起着指导作用；中国地域非常辽阔，自然条件、经济条件非常复杂，而高等农林院校分布于全国各个区域，对当地情况非常了解，研究工作任务易于完成。

---

　　①　国家统计局：《2017 年农民工监测调查报告》，2018 年 4 月 27 日，见 http://www.stats.gov.cn/tjsj/zxfb/201804/t20180427_1596389.html。

改革开放以来，中国高校的科技队伍发展迅速，在科技事业发展中发挥着越来越重要的作用，处于举足轻重的地位。高校不仅在创新人才培养、创新知识的产出和科技成果传播等方面有着非常重要的基础性作用，而且对促进区域高新技术产业集群的形成也有着深远的影响。在中国已开始创建科技园，如国家科技部 2001 年批准建立的第一批国家级农业科技园区之一——湖北武汉国家农业科技园区，就活跃着一批创新意识强、科研成果多的农业科教单位。因此，必须明确科技成果转化在农林高校中的主导地位与作用。

二、高校内部的现行体制制约着农业科技入户的正常开展

为了深入推进农业科技进村入户，加强农业科技工作，各省、市纷纷制定了农业特派员的行动方案，将从有关农业科研、教学、推广单位选聘的人员作为特派员而派驻到重点县市。他们的主要职责是：协助当地党委政府及农业主管部门抓好农村农业中心工作；进行巡回技术指导，对重大技术推广工作开展督导；开展农业政策、法规和科技调研等工作。农业科技特派员要长期深入到基层，服务在农村，肩负着为农民增收、农业增效、农村发展服务的神圣使命。因此，各派出单位应大力支持农业科技特派员的实践工作，努力为他们提供必要的工作、生活条件，使之扎根基层，安心工作。

然而，高校现行的内部管理制度和考核评价机制却不利于高校农业科技人员深入农村，为"三农"服务。一是高校的竞聘上岗制度。始于 1998 年的高校人事分配制度改革，时至今日，这一改革非但没有停步，反而是愈演愈烈。越来越多的人士指出，高校要进一步强化竞争机制，要进一步完善教师聘任制度，破除高校职务的终身制。应该

按照"按需设岗、公开招聘、平等竞争、择优聘用、严格考核、合约管理"的原则，大力推进包括教师在内的全体教职工的全员聘任制度，尽快建成以合同管理为基础的高校人事管理体制。各个高校按照上级管理部门规定的教师职务结构比例和职务岗位设置原则，根据自身学科建设和教师队伍建设的需要，有设置专业技术职务岗位的自主权，并且根据设置的岗位自主聘任教师。在已经进行人事改革的高校中，有些教师受到低聘，有些要进行转岗，还有一些教师被通知试聘。不可否认，高校的人事改革措施对于提高学校的教学科研质量，增强学校竞争力具有很大的推动作用，但是在这种规定之下，势必会造成科技人员入农户难的局面；二是高校的职称评定制度。很多省、市、高等院校对教师的高级专业技术职务任职资格评审条件做了具体的规定，从申报者的专业理论水平、教学与科研等方面设立了一系列指标。如要申报教授职务，就要有多篇高水平学术论文发表，要承担高级别的课题、要完成一定的教学工作量等，除了教学、科研上的压力，科技特派人员还面临着自己生活困难、家庭无人照顾等问题。科技人员在自身工作、前途面临着严峻压力的情况下，很难会在不顾自身发展的前提下深入农村，安心为科技入户做贡献。

第八章　国外农业科技自主创新政策发展的启示分析

科技创新是经济发展的原动力，是一个国家在全球化趋势下能够保持综合实力与国际竞争力处于较高水平状态的必然选择。各国政府尤其是经济发达国家或者地区的政府都先后出台并纷纷制定了有利于促进其科技创新能力不断提高的科技管理政策，并且在实践运行和促进经济发展方面取得了令人瞩目的成绩，也经历了一些挫折。对此，分析、归纳、总结发达国家科技创新的先进管理经验并予以借鉴，对于进一步完善中国科技创新管理政策和提高科技创新能力，具有重要的意义。

第一节　美国科技自主创新政策分析

作为经济大国和科技强国，美国十分重视科学技术的发展，通过运用强有力的创新管理政策，使其在科技领域取得了瞩目的成绩。以其获得诺贝尔奖的人数以及相关的权威杂志发表的科学论文为例，就足以看出他们在科学技术原创领域所取得的斐然成就。从 1901 年到 2016 年止，共有 770 人在物理学、化学、生理学／医学以及经济学领域

（和平奖除外）获得诺贝尔奖，美国有 356 人，数量位居第一；[①]2005 年 1 月至 2015 年 4 月 30 日，美国基本科学指标数据库论文数量 3687391 篇，在按基本科学指标数据库论文数量排序中居第一位，美国基本科学指标数据库论文被引用次数为 63143934 次，排名也为第一位，论文引用率 17.12 次 / 篇。在科学界公认的权威刊物《科学》杂志中，[②]2016 年学术论文数量共 149 篇，其中美国发表论文的篇数高达 96 篇，占总数量的 64.43%。此外，在汤姆森科技信息公司公布的 1981—1999 年期间各学科领域被引用率最高的研究人员统计数据显示，处于高位引用的研究人员数量的美国作者就达到了 3568 人，遥遥领先于其他国家。由于良好的管理政策而使原始创新始终处于世界领先地位，而为了保持这一地位，他们更加重视科技创新工作，对于研究与发展经费的投入逐年递增，2015 年研究与发展经费占国内生产总值的比例基本上保持在 2.79% 左右。

美国科技成就得益于其健全的科技自主创新政策以及其国内企业利用科技不断创造新的增长点以实现经济的良性发展所积累下来的经济实力和优势竞争力。从历史的角度分析，当今美国的科技自主创新政策的成功之处主要在于妥善地处理了原始创新、集成创新与引进技术消化吸收创新的关系。主要表现在以下几点：

一、引进创新曾经为美国的科技、经济的快速发展奠定了良好的基础

在发展初期，美国基本上是靠科技的引进来发展的，美国从英国

---

① 由历年诺贝尔奖公布信息汇总而来。
② 由《科学》杂志整理而来。

的殖民地发展到当今世界上最大的经济强国的过程，也是美国科学技术从引进创新到原始创新与集成创新的过程。

美国独立至今仅 200 多年，在西方国家中历史最短，但其经济实力却超过世界上任何一个国家。多年来，美国保持世界第一农业大国的地位，耕地面积不到全球耕地面积的 7%，2017 年，其农业人口占总人口的比例不足 2%，总人口不到全世界的 5%，生产了占世界谷物总产量的接近 1/5。美国还有大量的谷物出口，2016 年，美国大豆出口量、玉米和小麦的出口量分别占世界谷物出口总量的 42.83%、38.00% 和 13.09%。美国之所以有如此发达的农业，和其从建国起就注重农业的发展是分不开的。其中，最根本、最重要的原因是美国高度重视农业科学和技术，政府有一套适时调整的正确并有效的农业科技政策。

美国自建国起，就很注意外国科学技术的动向，对外国先进的农业科学技术保持敏感，积极迅速地引进外国农业新技术，并把这些引进的农业技术同国内的发明创造结合起来，使美国科学技术达到了世界先进水平，因此，美国在很短时间内就从一个农业技术进口国变成了一个大量出口农业技术的国家，以至在农业科学技术上占据了优势。

（一）独立初期美国农业科技引进政策

1776 年美国宣布独立，此时他们的人口绝大多数是居住在农村并以农业为主要产业。1790 年，只有 5% 的美国人生活在规模很小的城市里。[①] 这一初期，由于农业主要是以自然资源为主要原料，但是每个国家之间的自然资源和环境不同，所采取的技术也就不同，在当时生产力极端落后的情况下，各个国家之间很少有可供不同资源和环境国

---

① ［美］小威廉·贝拉克尼克、古斯塔夫·拉尼斯编：《科学技术与经济发展——几国的历史与比较研究》，科学技术文献出版社 1988 年版，第 124 页。

家共同使用的直接有关的技术，因此，以欧洲为代表的先进国家的农业先进技术往往在美国难以得到有效利用。例如，18世纪的英国森林资源日益枯竭，木材的价格非常昂贵，所以英国就缺少研究开发木材相关技术的积极性。而美国的森林资源却非常丰富，因此就需要自己开发与木材有关产业的技术。面对自然资源和环境引起的农业生产的差异性，美国很难直接采用其他国家的先进农业技术，而主要是在出口初级产品的同时，进口一些工业制成品，包括直接引进国外农产品进行消费。直到19世纪中叶，美国的进口商品一半以上都还是工业制成品。19世纪后半叶，美国工业制成品在其进口商品中所占份额才逐渐减少，20世纪前半叶保持在20%左右的水平上。

（二）积极引进欧洲先进农业技术阶段

随着工业技术的不断进步，美国工业有了快速发展。作为工业革命的受惠者，美国越来越意识到引进他国先进技术可以避免别人犯过的错误，节约本国开发新技术的资金投入。于是，美国开始十分注意欧洲的科学技术动向，积极引进新技术，尤其重视引进来自英国的先进技术。19世纪，美国基本上不用亲自进行技术发明，而是将其他国家的先进技术转移过来直接应用。由于美国重视技术的引进应用，美国的工业产值占工农业中产值的比重，由1859年的37.2%上升到1889年的77.5%，人均产值则由1873年的223美元上升到1901年的496美元，在国民经济生活中，工业生产占据了举足轻重的地位，农业已退居次要地位，美国工业产值在世界上的地位由1860年的第四位上升到1894年的第一位。随着美国工业技术的不断进步，美国农业也得到了快速发展。美国这一时期农业的主要技术革新主要包括节约劳动力和利用土地的简单的机械设备，而这些农业机械设备主要是从新兴的工业部门所积累的技能和技术知识发展起来的。

美国将引进的先进技术积极用于农业生产上。美国引进英国的蒸汽机技术，根据本国人口西进运动和工业进入水力资源缺乏地区的现实国情相结合，开发出蒸汽机的新用途，从而极大地促进了西部经济的发展。19 世纪初，德国人首先制成滴滴涕，但这项技术在德国并没有得到使用，后来美国了解到滴滴涕可以用来杀虫，就引进这项技术并把它普遍应用到农业生产上，单在马铃薯生产上采用该技术就使马铃薯的产量增加了一倍。[①]

随着农业生产特别是随着商品化农业的发展和农产品出口的增加，美国还十分重视良种的引进工作。早在 1817—1869 年期间，美国的科学家们曾经试图通过引进优良品种来寻找最好的植物和动物品种。为此，美国政府通过它的驻外使馆广泛收集国外的各种良种。[②] 所有这些种子在引进以后经过试种和改良，许多成为当今美国的基本作物品种。此外，由于生物学的巨大发展，在动物和植物的病虫害（如胸膜炎、结核病和猪霍乱等）防治方面也取得了可喜的进展。

（三）科学技术国际地位变化带来的问题

第二次世界大战以后，美国科技水平逐渐居于世界领先地位，是发达资本主义国家的主要代表，战后初期美国处于超级大国的霸主地位，称霸资本主义世界。美国的经济实力在资本主义世界中占有全面的优势，工业生产、黄金外汇储备和世界出口额在资本主义世界中的地位都日益提升。工业生产占资本主义世界的比重由 1937 年的 41.4%上升到 1948 年的 53.4%，黄金储备占资本主义世界的比重由 1937 年的

① 江苏师范学院政教系政治经济学教研室：《技术引进与经济发展》，江苏人民出版社 1980年版。

② 徐更生：《美国农业政策》，中国人民大学出版社 1991 年版，第 10 页。

50.5% 上升到 1948 年的 74.5%，世界出口额占其他资本主义国家的比重也由 1937 年的 14.2% 上升到了 1947 年的 32.5%（见表 8-1）。

表 8-1 美国经济实力占资本主义世界比重（%）①

年份	工业生产	黄金储备	世界出口额
1937	41.4	50.5	14.2
1948	53.4	74.5	32.5（1947 年）

美国对外贸易和资本输出也迅速扩大。1946—1950 年的年平均出口额是 118.29 亿美元，进口额是 66.59 亿美元，顺差 51.7 亿美元；1970 年出口额增至 432.24 亿美元，进口额是 399.516 亿美元，顺差 32.724 亿美元。第二次世界大战后初期，美国出口贸易约占资本主义世界出口总额的 1/3。

第二次世界大战之后，美国经济发展迅速，农业也处于高速发展时期。1940 年美国农场人均净收入（按 1960 年美元计算）为 1714 美元，1946 年则上升到 3677 美元，1970 年达到 4500 美元。这个时期农业实现了高度的机械化、电气化、化学化、良种化。500 英亩以上的大农场从 1940 年的 26.5 万个增加到 1969 年的 36.7 万个。这类农场在第二次世界大战开始时只占 1/25，此时已占 1/7。农业劳动生产率迅速提高。1950 年，每个农民可供养 15.5 人，1960 年增加到 25.8 人，1970 年又增加到 47.1 人。1947—1970 年间，美国农业人口减少 2/3，从占总人口比例的 1/6 降至 1/20，而美国农畜产品却居世界首位，1970 年生产的玉米占全世界的 43%，大豆占 74%，动物油脂占 57.2%。美国还是世界上最大的谷物输出国。

---

① 黎永莲：《从 GATT 到 WTO：国家利益为视觉的思考》，《南方论刊》2008 年第 12 期。

美国自恃科学技术领先，逐渐对于国外的技术不太关注，不重视引进外国的先进技术，由此导致美国在 20 世纪 70 年代甚至到 80 年代国际经济地位有下滑的态势。20 世纪 70 年代，美国贸易条件指数呈现下降趋势，从 1969 年的 102 下降到 1979 年的 82，从 1975 年开始其贸易条件指数就低于发达资本国家的平均值，整个 20 世纪 70 年代贸易条件指数年平均递减 2.1，减幅超过了发达资本主义国家的平均值 1.2 的水平，贸易条件处于极其不利的地位（见表 8-2）。就在同一时期，美国的外汇储备也从 1975 年占世界总额的 27.7% 下降到 1979 年占世界总额的 18.3%。

表 8-2　美国和发达资本主义国家贸易条件指数变化对比表

	1969	1971	1975	1977	1978	1979	70 年代每年平均增减
发达资本主义国家	99	99	90	89	91	88	−1.2
美国	102	99	89	85	84	82	−2.1

资料来源：《世界经济年鉴》，中国社会科学出版社 1981 年版。

随着美国贸易条件指数的下降，美国的一些专业技术也被西欧和日本赶上或超过。由此引起美国出口比重呈下降趋势，1971 年美国第一次出现外贸逆差。且贸易逆差数额逐年增加（见表 8-3）。

表 8-3　美国进出口贸易差额

单位：百万美元

年份	1975	1977	1978	1979
差额	+3173	−37716	−41633	−39086

注：+顺差，−逆差。

随着美国在资本世界中经济地位逐渐下降，进出口贸易逆差增加，科技领先地位逐渐丧失，导致其农产品在世界商品竞争中出现了明显下降的趋势，而且这一趋势一直持续到 20 世纪 90 年代初期。1980 年，美国农产品出口额占世界出口总额的 18.43%，到了 1985 年这一数值下降到 14.76%，1990 年则下降到了 13.86%。

面对这种情况，美国不得不重新审视本国的科技政策，开始重新关注国外先进技术并积极引进外国先进技术。

（四）美国农业科技引进政策新趋势

近年来，美国农业技术又有了很大的发展，通过转基因技术和生物遗传技术不断形成新品种、新食物、新饲料、新农药、新化肥、新兽药，使国内生产和对外贸易不断扩大，重新处于世界农业垄断地位。而这一切与美国重视科技人才的引进有着紧密的联系。

美国农业科技引进的历史实际上可以认为是一部优秀人才的移民史。早在美国独立战争之后，美国就吸引了大量移民对西部广阔的土地进行开垦，从 1790—1860 年，来到美国的移民共达 500 多万人。移民主要来自欧洲国家，这些移民把欧洲先进的科学技术带到美国，为美国科技发展和经济发展奠定了良好的基础。

自 19 世纪 30 年代起，美国通过不断出台新的政策，广泛引进世界各国先进的科学技术人才。19 世纪 50 年代后，美国多次修改移民法，规定引进高科技人才可不考虑国籍、资历和年龄的限制，一律允许优先进入美国。1921 年美国开始实施"移民配额法令"。从此，技术移民在移民中的比例迅速上升。1965 年，美国又颁布新的移民法，规定每年专门留出 2.9 万个移民名额给来自国外的高级专门人才。在美国注重科技人才引进政策的引导下，1957—1961 年，美国聘请了 20000 多名外国科学家。美国广泛引进外国的科技人才政策，极大程度促进了美国的科学技术和经济长久快速地发展。1990 年，布什总统签署新的移民法，鼓励各类专业人才移居美国。1993 年，美国国会通过法案，将1999 年、2000 年针对高科技人才的 H-1B 签证从 6.5 万人增加到 11.5 万人。

二、联邦政府长期重视原始创新能力的提高

对于原始创新研究，政府运用各种措施予以强度支持，在 1950 年就成立了国家科学基金会（National Science Foundation，NSF），用以促进基础研究与教育，研究完成后以国家利益为基础来对研究的成果进行评价。1957 年到 1967 年间，为了进一步促进原始创新能力的提高，联邦政府又大幅度提高经费的资助力度，较以往增长了 4 倍。在科研经费增长的同时，政府对于科研管理的重视程度也随之加强。首先是将原隶属于国防动员局的科学咨询委员会改组升级为总统科学顾问委员会，与此同时，为了协调科研管理的需要，还专门成立了联邦科学技术委员会。由此可见，战后不久，联邦政府就在科技原始创新的理念上发生了深刻的变化，开始把科学技术的原始创新研究看成是整个科研工作的重中之重，并从此开始实质性地介入到科学技术的原始创新研究中，而且介入的深度和广度都大大拓宽。自 20 世纪 70 年代中期以后的 10 年间，美国基础理论研究经费大幅度增长，年均增长比例达到了 10%。里根政府执政期间，对于原始创新研究的重视程度进一步加强。与此同时，在民用研究与开发经费中，基础研究经费投入比例上升更快，达到了 40%。1988—1991 年，布什总统执政期间，基础研究经费再度增长了 35%。1991 年年初，美国政府公开强调要大力支持

基础科学研究，并高度关注从事基础科学研究的科学家，对其进行的研究工作给予最大程度的支持。1993 年，布什总统则建议将基础研究的经费再增加 8%。之后的克林顿政府继续执行了加强国家基础研究的科技政策，直到目前为止，美国政府仍然非常注重加大对于基础研究的支持力度。除了注重加大对原始创新研究的支持力度外，美国政府还给予从事原始创新研究的机构免税待遇。如规定对于政府下属的科研机构免征所得税，对于基础研究重要力量的大学免征税收，对于从事公益性科研活动的独立的非营利科研机构也可以享受免税待遇，而且对于从事农业方面技术开发的科研机构也可以免税。除了联邦政府实施的免税政策以外，地方各级政府往往也提供配套的减免税政策。

三、对企业的集成创新给予强大的政策支持

在政策上，政府为高新技术的发展与商业化的顺利进行提供保证；在法律上，为了确保相关法律和规定适合于高新技术与企业的需求，政府则专门组织力量对于竞争性的法律和规定进行定期评估；对于企业不愿投资的处于商业化之前阶段的技术，政府则拿出资金进行投资，以进一步推动技术的转化，也为企业采用新技术奠定良好的基础；为了建立处于世界前沿水平的高端技术，联邦政府积极建立各项基础设施，以拉动科技进步，促进经济发展。如在第二次世界大战期间，美国就建立起庞大的国家实验体系，培养一流的专家，购置先进的技术设备，从而保证其拥有强大的研究开发和生产能力。为了将研究成果应用于实践和取得经济效益，美国政府又积极着手加强企业、大学和国家实验室的合作，并在 1980 年通过了《大学和小企业专利程序法》，以法律的形式允许多数联邦实验室将专利技术以排他性方式授予企业

和大学，并且积极鼓励私营企业投入科技合作，促进企业科技创新，从而使更多的科技成果得以商业化。《大学和小企业专利程序法》通过之后不久，美国政府又出台了《技术创新法》与《联邦技术转移法》，这些立法为美国的产学研合作以及政府科技成果的转化提供了法律依据，从而大大促进了科技成果的转化速度。

第二节 日本科技自主创新政策分析

长期以来，日本高度重视科技的发展，并将建立先进的科技型国家作为发展的战略目标，但同时日本也曾是高度重视引进创新与企业集成创新而忽视原始创新的代表性国家。其科技创新的主要经验如下：

一、技术引进政策推动了日本经济的迅猛发展

第二次世界大战之后一直到今天为上，日本科学技术政策的一个长期未变的方面就是全面引进其他国家先进的科学技术，并将引进的技术在企业迅速创新后应用于本国的工农业生产之中。尤其是在 20 世纪 50—60 年代期间，为了从整体上提高科学技术水平，缩短与欧美等先进国家之间的在科技与经济上的差距，日本政府大力鼓励企业积极引进西方先进技术，并通过投入巨额的研发经费来鼓励企业对于引进的先进技术进行消化吸收再创新，从而生产出拥有自身知识产权的技术，利用这些技术生产新产品占领国内、国际市场。这一时期，日本最重要的技术创新模式就是技术引进及其消化吸收创新。在引进政策的引导下，日本引进技术的件数逐年增长，1950—1959 年间平均每年引进 103 件，1960—1967 年间平均每年引进 469 件；1968—1969 年则

分别为 1061 件和 1154 件。[①] 随着引进技术数量的大幅度增长，日本的科学技术得到了较快的发展，企业技术竞争力也日益增强。发展到 80 年代末期，日本就开始成为仅次于美国的世界第二经济大国，可以说，日本是通过实施技术创新战略，崛起成为世界经济大国的，而其中技术引进政策对于初期的日本快速发展起到了相当重要的作用。

二、科学技术发展导向不断调整

在二次世界大战一直到 20 世纪 60 年代 20 年的时间里，日本的科技研发政策基本以企业为导向进行的。如以企业为主体引进国外先进的科学技术并将这些技术进行消化吸收创新从而形成具有市场竞争力的新产品以取得相应的经济效益。而政府的主要任务则是对重点产业部门给予优惠待遇，实行引进补助金制度，对引进国外先进技术的企业，补助一笔相当于引进技术费用一半的补助金。这种以企业为主要导向的政策之优点就在于将引进的技术同使用该技术的产业紧密联系在一起，促进了企业对于该技术进行消化吸收创新的主动性和积极性，从而在促进科技发展的同时，也推动了经济的快速增长。但是在 20 世纪 70 年代，由于受到世界范围的环境恶化以及能源危机的影响，政府不得不重新审视其科学技术政策导向的正确性，在进行了审慎的考虑后，日本决定重新调整科学技术政策，调整的核心内容是要培育日本经济持续发展所需要的创新性技术能力。围绕这一核心，政府提出为了促进大型技术革新、开发革命性技术研究等企业所不愿意从事的科研活动的开展，逐渐调整以企业为主导的研发体制，国家要承担起科

---

① 付保宗：《中国经济增长中枢变化趋势分析——基于日韩经济发展轨迹的思考》，《中国经贸导刊》2013 年第 1 期。

技规划与指导技术发展的重任。在此背景下，日本政府于 1973 年发表了《日本科学技术白皮书》，强调了要重建日本的研究开发体制。在此后的发展中，日本政府通过制定本国科技发展及重点发展领域的总方针、总计划，建立各种研究开发制度和宏观调控措施，来加强对科技发展的导向以指导本国的科学研究工作。

三、逐步加大了对原始创新的重视程度

虽然引进技术的创新实现了经济的快速发展，但是由于对原始创新的重视程度不够，日本也为此付出了沉重的代价。如 20 世纪 90 年代末，日本泡沫经济破裂导致日本经济停滞不前。此时，日本政府开始意识到没有原始创新的经济增长缺乏持久力，为了更好地提高科学技术的水平，促进科技与经济的进一步发展，日本在 1995 年颁布实施了《科技基本法》，明确规定了在制定促进科技进步的政策时，中央政府与地方政府要特别关注其在促进原始创新研究方面的重要推动作用。在第二个《科学技术基本计划》中，日本政府进一步明确了原始创新的未来目标，如发表与投入相符的质量高、数量多的论文，增加国际影响力大的论文比例，不断出现以诺贝尔奖为代表的国际科学奖的获奖人，使获奖人数与欧洲主要国家相当，在今后 50 年中日本获得诺贝尔奖的科学家达到 30 人左右；要建立相当数量的研究基地，能够吸纳国外优秀科研人员，创造世界高质量的研究成果，并向世界广泛传播。在第三个《科学技术基本计划》中，日本政府更加强调原始创新研究与企业集成创新研究的相互结合，为了达到此目的，日本将着力改进本国科技创新体系，并提出为了促使大学与公共研究机构产出的基础研究成果不断创新，企业、大学与政府部门将联系在一起改进科研体系，

促进日本创新从而展现发展潜力。为了不断提高原始创新能力，政府在基础科学研究经费、基础设施建设、人才培养和引进等方面都采取了一系列重点倾斜政策。这些政策具体包括：一是加大了科技支持力度。日本在经济处于低谷且停滞不前的局面下，仍然持续加大对科技的投入力度。1996—2000 年，日本第一期科学技术基本计划总投入经费为 17 万亿日元，2001 年启动的第二期科学技术基本计划中，科技经费总投入预定为 24 万亿日元。科技投入总量及其占 GDP 比例呈上升趋势，近几年已占 GDP 的 3% 以上。二是建立高水平的科研基地，通过建立一批研究条件优越的科研基地来吸引国内外优秀人才进行研究。三是创造优秀成果产生的环境条件。通过建立支持学者自由构想和独创研究的科学研究费补助金和战略性创新研究推行事业来鼓励本国不断产生优秀的科研成果。四是制定待遇优厚的人才政策。政府为了吸引人才，先后出台了有关旨在留住、培养和引进原始创新研究高层次人才的制度措施。

由以上分析可以看出，为了提高本国原始创新能力，开拓新的经济增长点，增强本国的国际竞争力，日本政府在原始创新问题上逐步形成和完善了人力、物力和财力相配套的科技创新政策。

第三节　欧盟科技自主创新政策分析

长期以来，欧盟在原始创新研究方面具有强大的优势，研究水平位于世界前列。这可以从欧盟学术论文的情况中得以了解其原始创新在世界的领先水平与地位特征。如图 8-1 中所示，从 1995 年到 2001 年，欧盟学术论文发表数量一直处于世界领先地位，不但高于美国，而且远远高于日本。

　　然而欧盟企业对于科学技术实行产业化，即企业科技集成创新方面却显得相对薄弱。专利是企业集成创新的重要体现，一个国家或地区专利拥有数量越多，则其进行集成创新的潜力就越大，未来的经济前景越乐观。但是欧盟的集成创新前景却并不像原始创新的前景一样美好，从图 8-2 可以看出，欧盟在专利方面要远远落后于美国，而且二者之间的差距也越来越大。

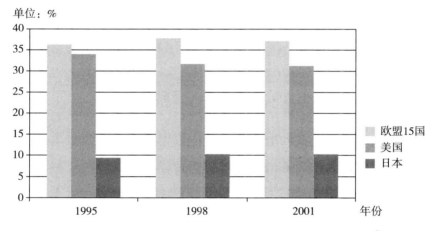

图 8-1　欧盟 15 国、美国及日本发表学术论文在全球所占比重图[1]

　　原始创新水平处于世界领先而集成创新水平却相对较低是欧盟的真实写照，但是这种状况并不是自始就存在的，其产生也是历史演变的结果。20 世纪 70 年代以前，当时的西欧曾在世界新技术领域占有举足轻重的地位，但是，自 20 世纪 70 年代中后期开始，西欧却在关键的新兴技术领域内榜上无名。到了 20 世纪 90 年代初期，欧洲经济发展处于停滞状态，失业率居高不下。经过了技术集成创新水平和经济水平大幅度下滑之后，欧盟意识到企业技术集成创新的重要性，为了

　　① High-Level Expert Group，*Frontier Research:The European Challenge*，Luxembourg: Office for Official Publications of the European Communities，2005，p.25.

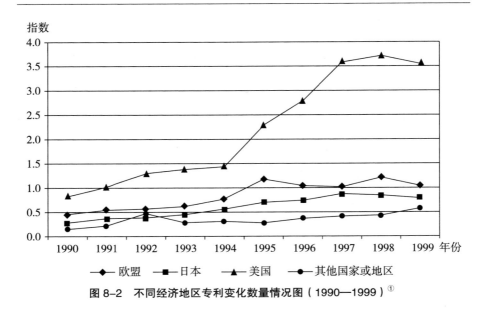

图 8-2　不同经济地区专利变化数量情况图（1990—1999）①

提高企业集成创新水平，解决科技和经济中面临的现实问题，欧盟采取了一系列措施，大力发展科学技术，希望以此达到经济实力和总体实力增强的目的。1995 年，欧盟发表了《创新白皮书》，将企业科技集成创新提高到一个更高的层次来认识。1996 年，又制订了第一个《欧洲创新计划》，该计划将创新定义为一个系统工程，并指出了欧盟发展的三个主要目标，即要形成真正的科技创新文化，要为企业科技集成创新创造良好的法律和金融环境，要采取措施大力促进研究开发部门与企业的合作。在这三个主要目标的指导下，欧盟及其各成员国分别制定了促进企业集成创新的政策和措施，这些措施主要包括以下几个方面。

　　一是强力促进企业进行研究与开发。为了达到科技不断促进经济发展的目的，欧盟各国将私人企业的研究与发展工作作为衡量科技创

---

① High-Level Expert Group, *Frontier Research*: *The European Challenge*, Luxembourg: Office for Official Publications of the European Communities，2005，p.30.

新能力的一个重要指标，因此，各成员国通过积极制定各种政策措施，不断促进企业的研究与发展工作。如德国政府为了鼓励企业开展集成创新研究，不断增大相关研发经费的投入力度。从 1998 年到 2003 年，联邦政府研发费用提高了 10 亿多欧元，仅联邦教育研究部可供支配资金 2004 年就达到了 97 亿多欧元，比 1998 年增长了 34%。除了直接投资科研以外，为了促进科技界和经济界之间的合作，政府还积极制定相关政策予以支持，如联邦政府制定的以项目形式支持科技界和企业界联合的科技发展计划，规定政府在给予企业一部分经费支持外，企业自己还要解决一部分经费，由此来引导和激发企业对确定科技项目以及将研究成果进行产业化的积极性。

二是增强中小企业技术吸收的能力。这是欧盟科技创新政策中的一个传统举措。欧盟认为，增强中小企业技术吸收能力的关键因素就是需求拉动和专有技术的转移。为了鼓励中小企业开展科技创新活动，欧盟设立了"欧洲企业和创新中心网络"，这个网络为企业的发展提供了交流和发展的平台。

三是加强科研人员、大学和公司之间的合作。为了发挥科技促进经济的作用，欧盟各成员国纷纷制定政策来加强科研人员、大学和公司之间的合作。如英国通过改革原始创新研究方针、促进大学与企业界的联系、大力支持企业技术集成创新、重组科技机构、推行公立科研机构私有化等来促进企业技术集成创新。具体制定的政策有"联系"计划（LINK）、高等技术学校—企业合作伙伴计划、"教研公司计划"和"研究生培养合作计划"、公共认知计划以及促进科技发展以及科技向生产力转化的一系列奖励计划等，这一系列政策的实施有力地推动了英国科技与经济的发展。

第四节　美、日、欧科技自主创新的基本经验与借鉴

一、引进创新是发展初期的理智选择

综观发达国家的科技创新历史与政策运行轨迹，可以看到他们在发展的初期阶段，基本是依靠引进技术创新而逐渐发展壮大起来的。美国从英国的殖民地发展到当今世界上最大的经济强国的过程，也是美国科学技术从引进创新发展到原始创新与集成创新的过程。在发展初期，美国基本上是依靠引进科技促进经济发展的。19世纪，经济实力相对较弱的美国，从欧洲大量引进先进技术，利用本国丰富的自然资源在20世纪一跃成为世界上头号经济和科技强国。德国充分利用技术引进创新，仅用30年时间就实现了全面的工业化。日本经济的高速发展也是由于其在发展过程中，能够根据本国国情特点，按照后发优势理论成功地选择引进技术创新政策。据有关资料表明，1955—1970年，日本几乎引进了全世界半个世纪开发的先进技术。[①]仅1960—1975年，日本购置了25700项专利和技术，而只花费美国研究开发费的1/4。日本通过不断地引进技术消化吸收创新，研发能力不断提高，为日本经济的快速发展提供了保障，引进技术创新使日本在短短100多年的时间里，就从一个落后的东亚小国，一跃而发展成为科技与经济强国。

二、原始创新是经济持续快速发展的内在源泉

原始创新的重要性已经为人们所越来越重视，因为原始创新是经济实现高速、健康和持续发展的内在源泉。美国政府曾多次指出，原

---

① 张宏斌：《日韩两国技术引进消化吸收经验及启示》，《浙江经济》2006年第3期。

始创新研究是技术创新的源泉，原始创新研究是美国科技领先世界的保障。美国基本上是自结束了以技术引进为主的时代以后，就不断加强其原始创新研究工作。英国的原始创新研究也为英国的经济发展作出了巨大贡献。凭借着良好的原始创新能力，英国曾经是世界上科技、经济最发达的国家。德国政府认为原始创新研究能够创造新的知识，同时也能推动应用技术研究水平不断提高，因此德国历来就高度重视对原始创新科技的研究。日本政府自20世纪90年代末泡沫经济破裂之后，也开始认识到没有原始创新，经济增长就会缺乏持久力。于是在第二个《科学技术基本计划》中，日本明确提出了原始创新的奋斗目标。为了实现这一目标，日本将要建立相当数量的高级的研发基地，培养和吸引国内外拔尖科研人员，从而创造高质量的科研成果。所以这些国家的政策内涵和基本做法，均显示了原始创新对其确保经济长期和持久发展的内在支撑力的重要性，也说明了政府对原始创新的认识所达成的高度一致性。

三、企业集成创新为提高原始创新能力奠定经济基础

发达国家发展的历史表明，企业集成创新创造巨额的经济利润，从而为企业进一步进行技术创新，为国家原始创新的再次投入奠定经济基础。唯此，才能最终形成科技创新与经济发展的良性循环。美国企业的科技工作在全美占有举足轻重的地位，企业部门完成全国大约3/4的R&D工作，企业的科研单位拥有全国3/4的科研人员。[①] 英国非常重视企业集成创新工作，并将具体措施纳入"知识创造价值"的5年计划中，该计划指出，贸工部要支持企业的科技和创新工作，帮助

---

① 毛兵：《美国企业在国家科技创新体系中的地位分析》，《企业活力》2005年第10期。

企业起步、发展和成功。德国企业的研发活动占整个德国研发活动的2/3，在德国从事研发工作的人员中有 64% 工作在企业中，有近 31 万科技人员在企业中从事研发工作。由此可见，发达国家非常重视企业集成创新并且取得了显著的成效，企业的创新行为和所取得的经济发展为这些国家原始创新能力的提高奠定了坚实的经济基础。

四、加强政府、企业界、高等院校三方面的合作

发达国家通过加强政府、企业、高等院校之间的合作，有效地促进了科技创新在经济增长中的作用发挥。20 世纪 80 年代以来，美国政府采取了一系列措施加强三者之间的伙伴关系。1985 年，为加强大学与企业界的合作，美国开始在高等院校内建立工程研究中心，1987 年，为加强政府、高等院校以及企业之间的合作，联邦政府又在高等院校筹办跨学科的科学技术中心。目前，美国政府、企业、高等院校和非营利性开发机构，构成了美国科学技术事业的四大支柱。英国为了推动科技界与企业界合作的进程，对政府的管理部门进行了调整优化。自 1995 年起，英国将原政府内阁办公室领导的科技办公室并入贸易工业部，将科技办公室置于有实力的政府部门中，把一个负责企业的部门和一个负责科学技术的部门合并到一起，从而加强了相互之间的融合与协作。德国联邦政府高度重视科技创新对于新的经济增长点的形成和对经济发展的带动作用，希望通过这种带动作用保证和创造更多的工作岗位。为此，德国联邦政府通过对在研究能力和研究经费上进行跨技术合作的项目给予经费资助的做法，要求经济界和科技界对共同认可的领域集中力量开展科技创新活动。

五、政府责任明确

在科技创新活动中，政府的角色非常重要。对此，虽然各个国家有不同的规定，但是发达国家政府在这方面却有一个共同点，那就是在科技创新方面，政府的责任异常明确。美国对国家的科学技术实行分散管理。联邦政府对全国的科学技术事业不实行统一领导、全面规划与管理，全国没有一个对科学技术发展行使全面管理职能的部门，也没有制定需要统一执行的科技发展政策与措施。对于全国的科技创新工作，美国政府是靠经济手段和法律手段来进行管理的，通过税收、法律等手段对全国的科学技术发展给予直接或间接的引导或控制，从而发挥政府在科技创新工作中的主导作用。

英国政府则是按不同的科技创新阶段进行不同的管理。对于不能带来直接经济利益的原始创新研究，英国政府直接给予经费资助。对于可以产生经济效益的集成创新，政府的主要任务则是制定一系列促进科技与经济结合的政策，推动科技成果转化，为企业创造经济效益提供相应的政策支撑。对于"近市场"的通用技术，自1993年科技政策白皮书发表以来，英国政府一改过去政府不介入"近市场"的通用技术，由企业自行安排，其成果由用户鉴别的做法，非常积极地介入这些技术中，以加快促进这类技术向生产企业的转让。

在推动科技创新工作中，日本政府的主要任务是制定长期规划、积极的投资与教育政策等，通过这些政策制定与施行，不断推动企业创新能力的持续增强。尤其在完善国家创新体系、科研基础设施建设、组织产官学合作、促进国际科技交流与合作等方面，日本政府发挥了主导性的作用。

六、科技立法较为完善

在科技创新管理中，发达国家的科技法律制度相当完善，一切科技创新活动基本上都是有法律依据的，并且执行力度较大。发达国家完善的科技立法对于规范国家的科技行为，协调政府、企业界和科技界之间的关系起到了很好的作用。

1787年，美国最早的科技政策就通过宪法的形式予以保障。在第三位总统托马斯·杰弗逊执政期间，为了鼓励和促进科学进步，宪法规定作者和发明者对其作品和发明在一定的期间内享有专有权利。经历了200多年的发展后，由基本法、机构法、税法、授权法和专利法几个法律构成的科技法律法规体系日益完善。1976年，美国国会通过的《国家科技政策、组织和重点法》是美国科技的基本法。该法阐述了科学、工程和技术发展的重点、科技政策的原则和实施步骤，对于美国政府、工业界和科技界之间的矛盾起了很好的协调作用。机构法是针对美国三大类机构，即政府机构、非营利机构和营利机构（公司）而制定的，主要是通过法律对这三大机构予以规范的管理。税法则是规定可以免交联邦税的机构类型，各州都制定有相应的免除非营利机构州税的法律规定。授权法则是指联邦政府及各部门、各机构每年将其下年度的工作计划和财政预算作为"授权法案"送交国会审议，国会通过后送总统签署就成为"授权法"。专利法是指国会针对某一具体问题的立法，如"技术创新法""大学—企业技术发展法"等。这些法律法规的出台和制定，对科技创新工作给予了强有力的保障和促进。

日本的科技创新工程也是得到了法律的有效保护。日本提出的"科学技术创新立国"方针得到了《科学技术基本法》的支持，该法律对日本"科学技术创新立国"所要开展的科技活动进行了详细规定。该法还规定日本政府要以 5 年为周期制订科技基本计划。1996 年，日本制定了《第一期国家科学技术基本计划》，并为此实施投入了 17.6 兆日元，主要用于加强产学研合作、加大对年轻的研究人员的扶持力度、增加竞争性研究资金以及增加政府研发资源。2001 年，又制订了《第二期国家科学技术基本计划》，进一步明确提出了要进行科技体制改革和提高政府研发经费支出的比例与份额。

德国也制定有完备的科技法律，这些基本的法律和其他相关法律、法规为德国科技的国际竞争力、科学家开展自由的学术研究，提供了良好的法律环境。

发达国家在科技创新领域的基本经验与实践做法，为中国农业科技自主创新管理体制和相关政策的制定，无疑提供了更多的借鉴价值。如必须充分重视技术引进消化吸收再创新的做法，必须从长远的角度思考原始创新的作用与意义，必须加强对企业参与科技研发的投入，必须强化政府的作用，运用必要的政策措施来引导科技创新工作的开展，必须加强科技立法工作，推进科技法律法规体系的建立与完善等。

第九章　中国农业科技自主创新管理体制改革的对策设计

在科学技术主导社会经济发展的时代，一个正确的科技政策必然对一个国家的发展产生重要的影响。因此，在制定科技创新与管理政策时，应充分考虑经济、社会现实情况以及现行科技政策存在的问题，建立起真正能够推动中国农业科技发展的科技管理体制，全面提高自主创新能力。改革管理体制不仅要充分考虑创新主体的利益，调动创新主体的积极性，同时还要有一定的规则约束创新主体个人行动的选择，要达到这一目的，不能仅靠强制性政策要求创新主体开展科技创新活动的方式来解决问题，而应该通过完善科技管理制度来解决。因此，设计和制定科学合理的科技管理政策对中国农业科技自主创新能力的全面提高显得极为迫切。

第一节　农业科技管理体制改革的基本思路与基本原则

一、农业科技管理体制改革的基本目标

结合中国基本国情，实现农业科技自主创新管理体制改革的总体目标是以科学发展观为指导，遵循中国产业和科技发展的比较优势，

构建促进农业科技自主创新能力提高的管理体制，全面提升农业科技自主创新能力。具体而言，中国农业科技自主创新管理体制改革的目标可分为近期目标和远期目标。

（一）农业科技管理体制改革的近期目标

一是促进农业科技集成创新水平不断提高。农业企业科技集成创新能力的高低不仅关系到一个企业自身的利润创造能力，也关系着一个国家经济发展潜力的高低。中国农业企业科技集成创新能力还很低，很难有足够的实力去参与国际竞争，因此，从现阶段出发，要通过不断改进农业科技管理体制，提高农业企业科技集成创新能力。

二是促进农业引进技术消化吸收能力明显提高。引进技术是后发国家利用发达国家先进科学技术促进经济快速发展的一条有利途径，中国的农业科学技术水平与世界发达国家仍有一定的差距，因此，引进适合的科学技术并对这些技术进行充分地消化吸收是中国的必然选择。有鉴于此，政府应围绕消化吸收制定相应的政策，提高引进技术为我所用的效率，从而促进农业引进技术消化吸收能力大幅度增强。

三是促进科技原始创新能力快速提高。原始创新需要大量的资金投入，但是中国目前经济实力还不够雄厚，因此增加对于农业科技原始创新的投入力度是摆在中国政府面前的一道难题。但是面对严峻的国际竞争形势，如果不加大对原始创新的投入，国家的产业就难以有领先之日，国家的国际地位也难以得到稳步提高。因此，在艰苦的条件下如何提高原始创新能力也是制定科技政策时要充分给予考虑的。

（二）农业科技管理体制改革的远期目标

中国农业科技自主创新改进的远期目标主要有以下三点：

一是将农业企业作为真正的自主创新主体进行培育，并且使之成为常青藤式的企业，真正承担起提高农业经济效益、增强农业国际竞争力和综合国力的重任，为国家的富强奠定坚实的经济基础。

二是对创新型国家建设作出重大贡献。建设创新型国家是中国政府面临的一个长期而艰巨的任务，农业是科技创新的重要领域。为了较好地完成创新型国家的建设，农业科学技术必须先行一步，切实推进自主创新的进程。为此，要改进科技管理体制中不利于自主创新的政策，为向创新型国家迈进提供良好的政策支撑。

三是促进农业科技国际地位明显提升。通过管理体制的改革和逐步完善，促使中国在原始创新领域出现诺贝尔奖获得者，在集成创新方面培育出国际上有影响力的农业企业，逐步缩小与发达国家的技术差距，尽可能少的引进其他国家的农业技术，不断增强中国在国际上的影响力，使国际地位得到显著提升。

二、农业科技管理体制改革的基本思路

根据目前的现实情况，本着推动农业科技自主创新能力不断提高的基本目标，农业科技自主创新管理体制改革的基本思路为：坚持强制性制度变迁与诱致性制度变迁相结合的方式，充分考虑创新主体尤其是作为创新主体的农业企业的利益问题，积极推进各类创新主体协调发展，利用各种条件，不断优化制度环境，把中国农业科技自主创新的能力水平提高到一个新的台阶。

三、农业科技管理体制改革的基本原则

（一）适应中国基本国情的原则

中国的现实国情决定了农业科技发展所处的各种环境条件，这些

条件对于农业科技发展往往产生重大影响。因此，从基本国情出发是中国农业科技管理体制改革的基本原则。农业人口多，人口整体素质不高，农村经济水平相对较低，农业科学技术水平还比较落后的基本现实，决定了中国必须迅速地改变农业科技和农村经济落后的状况，大力促进农业发展与农民收入提高；与此同时，面对农业科技发展的基础学科还比较薄弱，科技、经济的进一步发展缺乏后劲，原始创新研究亟待加强的状况，在制定相关农业科技政策时，既要考虑农业生产水平提高与农民收入增加的现实需求，也要充分考虑农业前沿技术研究的内在需要，把长远目标与短期目标较好地协调起来。

（二）遵循农业生长规律的原则

农业科学研究的对象是动植物活体，动植物的生命活动是非常复杂的运动，它们的生长发育有自身内在的规律，关于动植物的研究除了受经济规律的支配外，还要受到自然规律和生物规律的支配，因此农业科学技术不同于工业科学技术，具有强烈的空间、时间的特殊性，而且科学实验周期长，要培育一个农作物新品种，即使最快一般也要四五年时间。动植物生长的基本规律就决定了农业科学研究必须保持稳定性和连续性，如果忽视了农业生产的特点和规律，违背农业科学研究的规律，使用行政干预手段，搞形式主义，就会给农业科技工作和农业生产带来严重的损失。

（三）有利于农业科技自主创新能力提高的原则

改革开放以来，中国农业科技自主创新能力得到了很大程度的提高，但是从整体上来看，农业科技现状还远远落后于经济发展的现实需求，农业科技竞争力与发达国家相比还存在一定的差距。形成这种状况的原因虽然是多方面的，既有农业科技投入方面的原因，也有农业科技体制建设方面的原因，但最根本的原因在于农业科技自主创新的政策没有充分考虑到创新主体的内在需求，因此也就难以充分发挥其创新的积极性，由此导致创新政策的效果不佳。因此，在今后的政策制定中，必须充分考虑这一点。

第二节　农业科技自主创新管理体制改革的措施

鉴于农业科技管理体制是影响一个国家农业科技自主创新能力全面提升的关键性因素，为此，改革现行不利于自主创新能力提高的管理体制，建立有利于促进中国农业科学技术研发能力不断提高、加快缩短与发达国家在农业科技领域差距的农业科技管理体制就显得尤为重要。

一、大力促进原始创新、集成创新与引进消化吸收再创新的协调发展

从中国与发达国家科技发展的经验与教训可以看出，在农业科技自主创新的原始创新、集成创新与引进技术消化吸收再创新三个方面中，仅侧重于激励某一方面的快速发展不是提高整体水平的最有效的措施，最好的办法就是三个方面齐头并进，协调发展。

农业企业集成创新为科技原始创新能力的提高奠定经济基础。发达国家的发展经验表明，其经济的快速发展、原始创新能力的提高和国际地位的提升得益于企业科技创新。发达国家科技发展的共同特点是"技术企业化，企业技术化"，形成以企业为主体、大企业为主导的科研体系。如美国 2015 年 R&D 经费支出总量约 4970 亿美元，其中企

业 R&D 经费支出占 62.4%，政府只占 25.5%；日本 R&D 经费支出总量约 1700 亿美元，企业 R&D 经费支出占 78.0%，政府只占 15.4%。[1] 与科技投入相对应，美国的科技工作中大约 3/4 的 R&D 工作是企业部门完成的，3/4 的科研人员分布在企业科研单位，发达国家形成的"企业为主、政府为辅"的科研发展格局创造了巨额的利润，为国家原始创新能力的不断提高奠定了良好的经济基础。中国农业科技自主创新乃至整个科技自主创新最为薄弱的环节就是企业集成创新，农业企业难以肩负起自主创新主体的重任。今后中国要借鉴发达国家的经验，大力提倡农业企业集成创新的能力培养，使企业集成创新能力大大提高，创造出更多的经济效益，为原始创新能力的提高积蓄经济实力。

引进创新是中国现阶段快速发展的最佳选择。引进技术消化吸收再创新有利于科技水平和经济水平在比较短的时期内上升到较高层次。综观相关发达国家的科技创新历史，可以看到他们在发展初期基本上是依靠引进技术创新而逐渐发展壮大起来的。中国现阶段技术手段还相对落后，因此通过引进技术创新发展不失为技术快速更新、经济快速发展的好办法。但在引进技术时，要考虑到中国经济并不富裕的现实国情，要根据需要合理安排技术引进工作，引进技术要以实用为导向，在对引进技术进行模仿、消化吸收的基础上进行创新，在此过程中提高企业的研发能力，为企业逐步成为技术创新主体奠定基础。

原始创新是经济快速发展得以持续的基本源泉。原始性创新有利于中国完整的知识创新体系与技术创新体系的形成，有利于摆脱对其他国家在高新技术领域的依赖，解决关键技术受制于人的难题，况且多年来的实践证明，真正的核心技术是买不来的，只有通过原始创新

---

① National Science Foundation，"Science & Engineering Indicators 2018"，www.nsf.gov.

掌握关键技术，提升关键产业水平，才能提升中国科技竞争力，从而促进经济持续稳定高速发展。因此，要在国力允许的情况下，尽可能地加大对于原始创新的投入力度，提高原始创新能力，争取产生更多的原始性创新成果，为中国经济的进一步发展、也为世界科技的不断进步作出应有的贡献。

二、强化不同创新主体之间的沟通与交流，大力推进产学研相互合作

针对农业产学研合作中存在的问题，应该切实加强各主体相互之间的交流与沟通，大力推进农业产学研合作，从而提高农业科技创新能力。

一是鼓励支持发展势头良好的农业企业建立自己的研发机构。拥有自己的研发机构是国内外优秀企业发展壮大的成功经验，因此，在中国农业企业还未真正成为技术创新主体之前，在还未有足够的实力与意愿开展企业内部自主研发活动前，政府应当制定各种优惠政策，促进发展势头良好的农业企业建立自己的研发机构。对于积极主动建立研发机构的农业企业要采取各项减免政策，增强企业进行研发与获得自主知识产权的积极性，促进农业企业大力引进研发人员，增强研发实力。

二是促进农业企业与科研单位人才合作。科技自主创新最为重要的核心因素是人才，因此，产学研合作最主要的是不同单位之间人才的合作。而目前很多高校和科研院所技术人员在不同单位之间基本上是没有流动的，很多高级职称、高级学历的研发人员都留在了大学、研究机构、政府和一些事业单位工作。因为在国内的科研单位与企业

实行的是不同的福利制度，在科研单位工作越老福利越好，稳定性也越强，而在企业越老则越担心失业，福利待遇也不稳定。因此，要吸引高级研发人员到企业工作，就非常有必要打破现行的二元福利体制，吸引高级职称和较高水平的科技人员从大学、研究院、行政部门或事业单位下海创业或到企业工作，同时加强科研单位与企业之间现有人员的沟通交流，通过多种方式促进人才合作。为了鼓励科研单位研发人员为企业作出更多的贡献，对目前科研单位的职称评定办法实行改革就显得十分必要，应该尽快将考核标准从过分重视论文发表、争取国家课题等评价指标转向兼顾服务企业、服务实际经济建设来综合进行考评，鼓励科研人员积极参与到企业的科研活动中，促进不同性质单位之间研发人员的合作。

三是积极总结现有产学研结合协调领导小组的成功经验与不足，进一步拓宽试点面。为了更好地协调农业企业、高等院校和科研机构之间的利益，促进产学研的发展，作为试点工作，2005 年 9 月，教育部与广东省政府签署《关于提高自主创新能力，加快广东经济社会发展合作协议》，实行省部联合推进产学研结合的工作机制。这有利于把全国部属重点高校的科技成果、技术力量和创新人才等科技资源与广东省的产业优势有机融合起来，进而提升广东的自主创新能力和产业竞争力，形成省部合作双赢的良好局面。对此，在今后的发展中，要积极总结产学研的成功经验与不足，将探索的成功经验与模式向全国推广。

四是建立多元化的资金投入机制。资金问题是阻碍农业产学研合作的重要问题，要解决产学研合作过程中资金短缺这一难题，除了依靠政府财政投入和产、学、研各个主体自行投入外，还应该借助资本市场的力量，形成官、资、产、学、研等多元化的资金投入格局。首先是提高政府财政支出中科技合作项目经费的投入比例，并确保在科技投入中有一定比例用于推进产学研合作并按一定比例固定增长；同时，政府应设立产学研合作专项基金，以资金为杠杆，制订向产学研合作倾斜的计划，优先支持农业企业产学研结合的项目；其次是鼓励企业资本进入风险投资领域，鼓励企业或科研单位合作建立风险投资公司或者科技成果转化中心，对科研项目和成果进行孵化；最后是鼓励银行、财政部门参与和支持产学研合作项目的论证和决策，在资金上给予保证。

五是建立优先采购国内企业研发、生产产品的采购制度。为了促进农业企业采用新技术的积极性，推动农业企业技术不断发展，政府要带头优先采购国内农业企业生产的技术产品，为农业企业资金尽快回笼提供支持。为此，政府要规范政府采购制度并严格执行产品的政府采购制度，大力宣传提倡居民购买国内农业企业生产的产品，保障农业企业进一步开展技术创新的资金来源。

六是加快培育中介机构，为农业企业与科研单位的合作牵线搭桥。由于信息获取不充分，农业企业和科研单位在产学研合作方面都希望得到帮助与支持，但面对农业企业和科研单位众多不同需求，单靠政府的力量难以实现。因此，应加大培育中介机构的力度，尽快发挥中介组织收集和推广技术市场信息、科技成果信息的任务，为农业产学研合作搭建桥梁。

三、切实建立政府导向与市场导向相结合的农业科技创新管理体制

基于对于政府主导型农业科技政策与中国农业生产实际需求不相

适应的分析结论，为了满足宏观与微观两方面的需求，在创新导向上，应该逐步建立政府与市场需求相结合的农业科技研发的导向机制。政府导向主要从国家、地方以及整个社会的宏观需求出发开展农业科技工作；而市场需求则从企业、农户等微观角度开展农业科技工作。在进行市场需求导向的科技工作时，农业科技人员要注意深入到农业企业和农村中去，使得科技项目来自农业生产的实践，同时科技工作不但要根据农业的显性需求，即企业、农户有明显愿望的需求来进行科学研究工作，还要注意研究企业、农户的隐性需求，即在企业、农户意料之外而又在其期盼之中的需求，根据这种需求来进行深入的科技研究工作。

四、加大知识产权保护力度，确保科技研发主体的基本利益和积极性

一要发挥国家在知识产权制度建设方面的作用。国家应为知识产权的运行提供一个公正、安全的制度环境，以确保知识产权价值的良好实现。由于国家在保护知识产权方面具有天然优势，因此，国家应该充分发挥自身的职能，为知识产权的运作提供制度保障。知识产权的转让是一项复杂的经济活动，知识产权的利益分配功能、资源配置功能都是通过产权交易实现的。知识产权有效运作的关键就是看能否建立健全的产权运作规范。而国家在为知识产权提供规范方面具有优势，国家能够为知识产权的归属、知识产权的转让等制定相应的法规；国家应通过法律来建立有效的知识产权制度。有效的产权制度的基本标志之一是产权的交易规范法制化。通过知识产权的法制化，可以有效遏制侵权行为的发生，保护知识产权的有效性及知识产权拥有者的

合法利益。

二要发挥科研院所在知识产权制度建设方面的作用。早在 2002 年 3 月 5 日，科技部、财政部联合发布了《关于国家科研计划项目研究成果知识产权管理的若干规定》。该规定从知识产权的归属、管理、费用出处、转化等方方面面均给出了具体的指导意见，但目前最缺少的就是如何执行这些规定。作为项目的承担单位要积极按照这些具体指导意见，针对自己单位的实际情况，开展知识产权的管理与转化工作。

三要发挥科研人员在知识产权制度建设方面的作用。科研人员首先要熟悉其所在单位在知识产权方面的政策规定，要积极参加有关知识产权的培训班或向所在单位知识产权管理办公室进行相关咨询。科研人员在进行研究的过程中，一旦有了重要的发现，认为要进行知识产权保护的，应该与单位管理部门沟通；与此同时，如果有合作者或合作单位的，要尊重和履行与合作者所做的有关知识产权安排。在知识产权得到保护之前，要注意避免任何形式的泄露，以免损害对申请知识产权的保护。

四要掌握保护知识产权的重要环节。随着科技的不断发展，一项科学研究涉及的范围越来越广，单凭一个科研人员、一个科研单位的力量往往很难胜任，今后的发展趋势就是跨学科、跨单位甚至是跨国界进行的综合性研究。所以，对于知识产权的保护在事先就应规定清楚。在决定谁控制申请专利时，必须要意识到要负担知识产权的管理费用。为此，合作单位要就知识产权问题达成共识和协定，如对知识产权拥有权，知识产权非拥有者分享利益的规定，泄露科研成果的规定等方面制定相关的管理办法。

五、加快实施农业科技入户工程，缩短农业科技授受主体之间的距离

在家庭联产承包责任制的背景下，农业生产经营主体十分分散，加之目前基层的农业技术推广主体力量薄弱，基于市场目标的价值取向使之对具有公益性质的农业技术推广缺乏激励机制，导致了农户对农业科技的内在需要难以得到充分满足。实施科技入户，直接缩短农业技术授受主体之间的距离，对发挥农业科技支撑农业发展具有极其重要的作用。鼓励科技人员参与农业技术推广，实施农业科技入户工程，是国家科研院所尤其是农业高等院校必须承担的一个主要职能。为了充分调动个人的积极性，必须改革目前高校和科研单位对科研人员的考评办法，建立有利于激励其参与生产实践和技术推广活动的评价机制。在制定相关政策时，无论是国家、地方还是高校本身都应综合考虑，以取得最大的成效。

附 录

附录1 《"十三五"国家科技创新规划》确立科技创新发展新蓝图[①]

"十三五"国家科技创新规划，依据《中华人民共和国国民经济和社会发展第十三个五年规划纲要》《国家创新驱动发展战略纲要》和《国家中长期科学和技术发展规划纲要（2006—2020年）》编制，主要明确"十三五"时期科技创新的总体思路、发展目标、主要任务和重大举措，是国家在科技创新领域的重点专项规划，是我国迈进创新型国家行列的行动指南。

一、指导思想

"十三五"时期科技创新的指导思想是：高举中国特色社会主义伟大旗帜，全面贯彻党的十八大和十八届三中、四中、五中全会精神，以马克思列宁主义、毛泽东思想、邓小平理论、"三个代表"重要思想、科学发展观为指导，深入贯彻习近平总书记系列重要讲话精神，认真落实党中央、国务院决策部署，坚持"五位一体"总体布局和"四个

---

① 国务院：《国务院关于印发"十三五"国家科技创新规划的通知》。

全面"战略布局，坚持创新、协调、绿色、开放、共享发展理念，坚持自主创新、重点跨越、支撑发展、引领未来的指导方针，坚持创新是引领发展的第一动力，把创新摆在国家发展全局的核心位置，以深入实施创新驱动发展战略、支撑供给侧结构性改革为主线，全面深化科技体制改革，大力推进以科技创新为核心的全面创新，着力增强自主创新能力，着力建设创新型人才队伍、着力扩大科技开放合作，着力推进大众创业万众创新，塑造更多依靠创新驱动、更多发挥先发优势的引领型发展，确保如期进入创新型国家行列，为建成世界科技强国奠定坚实基础，为实现"两个一百年"奋斗目标和中华民族伟大复兴中国梦提供强大动力。

二、基本原则

——坚持把支撑国家重大需求作为战略任务。聚焦国家战略和经济社会发展重大需求，明确主攻方向和突破口；加强关键核心共性技术研发和转化应用；充分发挥科技创新在培育发展战略性新兴产业、促进经济提质增效升级、塑造引领型发展和维护国家安全中的重要作用。

——坚持把加速赶超引领作为发展重点。把握世界科技前沿发展态势，在关系长远发展的基础前沿领域，超前规划布局，实施非对称战略，强化原始创新，加强基础研究，在独创独有上下功夫，全面增强自主创新能力，在重要科技领域实现跨越发展，跟上甚至引领世界科技发展新方向，掌握新一轮全球科技竞争的战略主动。

——坚持把科技为民作为根本宗旨。紧紧围绕人民切身利益和紧迫需求，把科技创新与改善民生福祉相结合，发挥科技创新在提高人民生活水平、增强全民科学文化素质和健康素质、促进高质量就业创业、扶贫脱贫、建设资源节约型环境友好型社会中的重要作用，让更多创新成果由人民共享，提升民众获得感。

——坚持把深化改革作为强大动力。坚持科技体制改革和经济社会领域改革同步发力，充分发挥市场配置创新资源的决定性作用和更好发挥政府作用，强化技术创新的市场导向机制，破除科技与经济深度融合的体制机制障碍，激励原创突破和成果转化，切实提高科技投入效率，形成充满活力的科技管理和运行机制，为创新发展提供持续动力。

——坚持把人才驱动作为本质要求。落实人才优先发展战略，把人才资源开发摆在科技创新最优先的位置，在创新实践中发现人才，在创新活动中培养人才，在创新事业中凝聚人才，改革人才培养使用机制，培育造就规模宏大、结构合理、素质优良的人才队伍。

——坚持把全球视野作为重要导向。主动融入布局全球创新网络，在全球范围内优化配置创新资源，把科技创新与国家外交战略相结合，推动建立广泛的创新共同体，在更高水平上开展科技创新合作，力争成为若干重要领域的引领者和重要规则的贡献者，提高在全球创新治理中的话语权。

三、发展目标

"十三五"科技创新的总体目标是：国家科技实力和创新能力大幅跃升，创新驱动发展成效显著，国家综合创新能力世界排名进入前15位，迈进创新型国家行列，有力支撑全面建成小康社会目标实现。

——自主创新能力全面提升。基础研究和战略高技术取得重大突破，原始创新能力和国际竞争力显著提升，整体水平由跟跑为主向并行、领跑为主转变。研究与试验发展经费投入强度达到2.5%，基础研

究占全社会研发投入比例大幅提高，规模以上工业企业研发经费支出
与主营业务收入之比达到 1.1%；国际科技论文被引次数达到世界第二；
每万人口发明专利拥有量达到 12 件，通过《专利合作条约》（PCT）途
径提交的专利申请量比 2015 年翻一番。

——科技创新支撑引领作用显著增强。科技创新作为经济工作的重
要方面，在促进经济平衡性、包容性和可持续性发展中的作用更加突
出，科技进步贡献率达到 60%。高新技术企业营业收入达到 34 万亿元，
知识密集型服务业增加值占国内生产总值（GDP）的比例达到 20%，全
国技术合同成交金额达到 2 万亿元；成长起一批世界领先的创新型企
业、品牌和标准，若干企业进入世界创新百强，形成一批具有强大辐
射带动作用的区域创新增长极，新产业、新经济成为创造国民财富和
高质量就业的新动力，创新成果更多为人民共享。

——创新型人才规模质量同步提升。规模宏大、结构合理、素质优
良的创新型科技人才队伍初步形成，涌现一批战略科技人才、科技领
军人才、创新型企业家和高技能人才，青年科技人才队伍进一步壮大，
人力资源结构和就业结构显著改善，每万名就业人员中研发人员达到
60 人年。人才评价、流动、激励机制更加完善，各类人才创新活力充
分激发。

——有利于创新的体制机制更加成熟定型。科技创新基础制度和政
策体系基本形成，科技创新管理的法治化水平明显提高，创新治理能
力建设取得重大进展。以企业为主体、市场为导向的技术创新体系更
加健全，高等学校、科研院所治理结构和发展机制更加科学，军民融
合创新机制更加完善，国家创新体系整体效能显著提升。

——创新创业生态更加优化。科技创新政策法规不断完善，知识产

权得到有效保护。科技与金融结合更加紧密，创新创业服务更加高效便捷。人才、技术、资本等创新要素流动更加顺畅，科技创新全方位开放格局初步形成。科学精神进一步弘扬，创新创业文化氛围更加浓厚，全社会科学文化素质明显提高，公民具备科学素质的比例超过 10%。

专栏 1　"十三五"科技创新主要指标

	指　标	2015 年指标值	2020 年目标值
1	国家综合创新能力世界排名（位）	18	15
2	科技进步贡献率（%）	55.3	60
3	研究与试验发展经费投入强度（%）	2.1	2.5
4	每万名就业人员中研发人员（人年）	48.5	60
5	高新技术企业营业收入（万亿元）	22.2	34
6	知识密集型服务业增加值占国内生产总值的比例（%）	15.6	20
7	规模以上工业企业研发经费支出与主营业务收入之比（%）	0.9	1.1
8	国际科技论文被引次数世界排名	4	2
9	PCT 专利申请量（万件）	3.05	翻一番
10	每万人口发明专利拥有量（件）	6.3	12
11	全国技术合同成交金额（亿元）	9835	20000
12	公民具备科学素质的比例（%）	6.2	10

四、总体部署

　　未来五年，我国科技创新工作将紧紧围绕深入实施国家"十三五"规划纲要和创新驱动发展战略纲要，有力支撑"中国制造 2025""互联网 +"、网络强国、海洋强国、航天强国、健康中国建设、军民融合发展、"一带一路"建设、京津冀协同发展、长江经济带发展等国家战略实施，充分发挥科技创新在推动产业迈向中高端、增添发展新动能、拓展发展新空间、提高发展质量和效益中的核心引领作用。

一是围绕构筑国家先发优势，加强兼顾当前和长远的重大战略布局。加快实施国家科技重大专项，启动"科技创新2030—重大项目"；构建具有国际竞争力的产业技术体系，加强现代农业、新一代信息技术、智能制造、能源等领域一体化部署，推进颠覆性技术创新，加速引领产业变革；健全支撑民生改善和可持续发展的技术体系，突破资源环境、人口健康、公共安全等领域的瓶颈制约；建立保障国家安全和战略利益的技术体系，发展深海、深地、深空、深蓝等领域的战略高技术。

二是围绕增强原始创新能力，培育重要战略创新力量。持续加强基础研究，全面布局、前瞻部署，聚焦重大科学问题，提出并牵头组织国际大科学计划和大科学工程，力争在更多基础前沿领域引领世界科学方向，在更多战略性领域实现率先突破；完善以国家实验室为引领的创新基地建设，按功能定位分类推进科研基地的优化整合。培育造就一批世界水平的科学家、科技领军人才、高技能人才和高水平创新团队，支持青年科技人才脱颖而出，壮大创新型企业家队伍。

三是围绕拓展创新发展空间，统筹国内国际两个大局。支持北京、上海建设具有全球影响力的科技创新中心，建设一批具有重大带动作用的创新型省市和区域创新中心，推动国家自主创新示范区和高新区创新发展，系统推进全面创新改革试验；完善区域协同创新机制，加大科技扶贫力度，激发基层创新活力；打造"一带一路"协同创新共同体，提高全球配置创新资源的能力，深度参与全球创新治理，促进创新资源双向开放和流动。

四是围绕推进大众创业万众创新，构建良好创新创业生态。大力发展科技服务业，建立统一开放的技术交易市场体系，提升面向创新全链条的服务能力；加强创新创业综合载体建设，发展众创空间，支持众创众包众扶众筹，服务实体经济转型升级；深入实施知识产权和技术标准战略。完善科技与金融结合机制，大力发展创业投资和多层次资本市场。

五是围绕破除束缚创新和成果转化的制度障碍，全面深化科技体制改革。加快中央财政科技计划（专项、基金等）管理改革，强化科技资源的统筹协调；深入实施国家技术创新工程，建设国家技术创新中心，提高企业创新能力；推动健全现代大学制度和科研院所制度，培育面向市场的新型研发机构，构建更加高效的科研组织体系；实施促进科技成果转移转化行动，完善科技成果转移转化机制，大力推进军民融合科技创新。

六是围绕夯实创新的群众和社会基础，加强科普和创新文化建设。深入实施全民科学素质行动，全面推进全民科学素质整体水平的提升；加强科普基础设施建设，大力推动科普信息化，培育发展科普产业；推动高等学校、科研院所和企业的各类科研设施向社会公众开放；弘扬科学精神，加强科研诚信建设，增强与公众的互动交流，培育尊重知识、崇尚创造、追求卓越的企业家精神和创新文化。

附录2　农户科技需求情况调查表

尊敬的农民朋友：

您好！为了解农户科技需求情况，需要对您家庭近几年采用农业技术情况做一调查，调查数据仅用于研究使用，希望您能根据实际情况认真填写本调查问卷。非常感谢您能帮助我们完成此项目的调查工作。谢谢！

调查时间：_____年___月___日　调查人员：_____

户主姓名：_____　地址：_____　距城镇距离：_____

电话号码：_____

一、基本信息表

家庭成员编号	与户主关系	年龄	性别 1.男 2.女	身体状况 1.良好 2.小病 3.大病	是否党员 1.是 2.否	文化程度① 1.小学及以下 2.初中 3.高中或中专 4.大专及以上	是否在本村或村级以上政府部门担任干部 1.是 2.否	是否曾外出打工 1.是 2.否
1	户主							
2								
3								
4								
5								

---

①　小学、初中、高中等肄业的，请详细注明。如：小学4年或初中2年等。

续表

7—15岁儿童人数	年龄	性别 1.男 2.女	是否上学 1.是 2.否	年级	学杂费 （元）		
1							
2							
3							
家中主要从事的农业生产有①	种植品种	种植面积（亩）	养殖品种	养殖面积（亩）	其他生产	其他收入占总收入比重	

主要农用工具：农用车（　　　　）；畜牧车（　　　　）自行车（　　　　）；其他（　　　　）

二、农业新技术需求情况

（一）是否需要农业新技术：1=是；2=否（　　　　）

（二）需要农业新技术的目的：1=节约劳动力；2=食品安全考虑；3=增加产量；4=增加收入；5=其他，请指出具体目的：＿＿＿＿＿＿＿＿

（三）需要新技术的种类：1=改良品种；2=生物肥料与农药；3=

---

① 种植类的填写主要粮食作物、经济作物或果林等，养殖类的填写主要用来提供商品的畜禽鱼虾等，其他填写加工、服务业等。

锄草技术；4= 养殖技术；5= 加工技术；6= 其他，请指出具体技术种类：_____

（四）需要新技术的原因：1= 对劳动者身体健康有益；2= 对消费者身体健康有益；3= 机械化技术；4= 其他，请指出具体的原因：_____；其中，最关注的原因是_____

（五）不需要新技术的原因：1= 对目前状况比较满意；2= 没有可用的新技术；3= 其他，请具体列出原因_____

三、采纳农业新技术的意愿

（一）采纳技术的迫切程度：1= 迫切；2= 一般；3= 不需要

（二）农业技术采纳的阻碍因素：

1= 科技成果本身存在问题，原因是：A 成果不适合当地条件，B 采用该成果成本高，C 采用该成果效益差，D 该成果操作复杂，E 其他，请列出具体原因_____

2= 科技推广机构存在问题，原因是：A 机构不健全，B 管理混乱，C 工作手段落后，D 其他，请列出具体原因_____

3= 农技推广人员，原因是：A 技术水平差，B 工作积极性不高，C 其他，请列出具体原因_____

4= 自身原因，原因是：A 害怕风险，B 经营规模小，C 无投资能力，D 接受新技术有困难，E 其他，请列出具体原因_____

四、过去采纳新技术的过程（比如良种）

（一）采纳新技术的名称：_____

（二）新技术的来源：1= 电视；2= 报纸；3= 政府组织的下乡活动；

4= 亲朋好友；5= 网络；6= 其他，请具体指出＿＿＿＿＿＿

（三）新技术采纳的难易程度：1= 自己就可以操作；2= 向用过的人学习可以采用；3= 需要技术人员帮助后可以采用

（四）当时采用这项新技术的原因：1= 节约成本；2= 增加收入；3= 市场需求；4= 其他具体原因，请具体指出＿＿＿＿＿＿

（五）这项新技术目前的使用情况：1= 效果不错；2= 效果一般；3= 不满意，不满意的原因是：＿＿＿＿＿＿

五、农户对目前农业科技体制的看法

（一）您对目前农业科技服务的看法：1= 没有科技服务；2= 有服务但留于形式；3= 服务贴近农民需要；4= 其他，请具体指出＿＿＿＿＿

（二）您对目前农业科技成果的看法：1= 多数实用性强；2= 不适合农民的需要；3= 其他，请具体指出＿＿＿＿＿＿

（三）您认为农业科技人员科研选题来源：1= 来自于政府；2= 来自于个人爱好；3= 来自于农民的需求

（四）如果科技成果符合您的需求，您是否愿意为此支付合理的费用：1= 愿意；2= 不愿意

参考文献

1.《"948"项目带来的巨变村　西陵峡畔柑橘飘香》,《农民日报》2003年9月1日。

2.《安徽省高等学校教师队伍建设2002—2005年规划》,2002年11月4日,见 http://www.edu.cn/20060222/3174510.shtml。

3.陈德智:《技术跨越》,上海交通大学出版社2006年版。

4.陈卫平:《中国农业国际竞争力——理论、方法与实证研究》,中国人民大学出版社2005年版。

5.陈向东等:《集成创新和模块创新——创新活动的战略性互补》,《中国软科学》2002年第12期。

6.陈祺琪等:《农业科技资源配置能力区域差异分析及驱动因子分解》,《科研管理》2016年第3期。

7.陈雅兰:《原始性创新的界定与识别》,《发展研究》2004年第7期。

8.崔禄春:《建国以来中国共产党科技政策研究》,华夏出版社2002年版。

9.代玉林:《沙门氏菌的综合控制措施》,《肉类工业》2003年第11期。

10.《邓小平文选》第三卷，人民出版社 1993 年版。

11.《邓小平文选》第二卷，人民出版社 1994 年版。

12. 杜谦：《关键在于自主创新——谈谈我国的科技发展》，《求是》2001 年第 23 期。

13. 杜彦坤：《农业企业技术创新与管理》，经济管理出版社 2004 年版。

14. 樊春良：《全球化时代的科技政策》，北京理工大学出版社 2005 年版。

15. 付保宗：《中国经济增长中枢变化趋势分析——基于日韩经济发展轨迹的思考》，《中国经贸导刊》2013 年第 1 期。

16.G.Dosi 等：《技术进步与经济理论》，经济科学出版社 1992 年版。

17. 高建：《中国企业技术创新分析》，清华大学出版社 1997 年版。

18. 高原、李景岭：《农业科技成果的供需特征及加快转化对策研究》，《农业技术经济》2003 年第 3 期。

19. 国家经济贸易委员会、财政部、科学技术部、国家税务总局：《国家产业技术政策的通知》，2002 年 6 月 21 日。

20.《国务院关于进一步推进科技体制改革的若干规定》，1987 年 1 月 20 日。

21.《国务院关于深化科技体制改革若干问题的决定》，1988 年 5 月 3 日。

22.《国务院关于"九五"期间深化科技体制改革的决定》，1996 年 10 月 3 日。

23. 国家统计局社会科技和文化产业统计司、科学技术部创新发展司编：《中国科技统计年鉴 2017》，中国统计出版社 2017 年版。

24. 胡维佳：《中国科技规划、计划与政策研究》，山东教育出版社 2006 年版。

25.《建设社会主义新农村：中央和中央部委领导同志在省部级主要领导干部建设社会主义新农村专题研讨班上的重要讲话与报告汇编》，中共中央党校出版社 2006 年版。

26. 金军、邹锐：《集成创新与技术跨越式发展》，《中国软科学》2002 年第 12 期。

27. 金吾伦：《怎样理解“国家创新体系”》，《光明日报》1999 年 3 月 12 日。

28. 江苏师范学院政教系政治经济学教研室：《技术引进与经济发展》，江苏人民出版社 1980 年版。

29. 科学技术部、国务院国资委、中华全国总工会：《关于印发“技术创新引导工程”实施方案的通知》，2006 年 1 月 24 日。

30. 科学技术部、教育部、中国科学院、中国工程院、国家自然科学基金委员会：《关于进一步增强原始性创新能力的意见》，2002 年 6 月 11 日。

31. 李虹：《国际技术贸易》，东北财经大学出版社 2005 年版。

32. 李·J. 阿尔斯迈等：《制度变革的经验研究》，经济科学出版社 2003 年版。

33. 黎永莲：《从 GATT 到 WTO：国家利益为视觉的思考》，《南方论刊》2008 年第 12 期。

34. 李文博、郑文哲：《企业集成创新的动因、内涵及层面研究》，《科学学与科学技术管理》2004 年第 9 期。

35. 李明洁：《谈如何控制肉鸡产品中微生物的污染》，《山东食品科技》2003 年第 7 期。

36. 李平等:《农业科研生态、团队愿景对创新绩效的作用机理及实证研究》,《科技管理研究》2015 年第 6 期。

37. 李兆亮等:《中国不同类型农业 R&D 投入分布的动态演变及其影响因素分析》,《中国科技论坛》2017 年第 7 期。

38. 李兆亮等:《农业科研投资的经济效益测算、时空特征与影响因素——基于空间计量经济模型及中国的实证》,《软科学》2017 年第 11 期。

39. 联合国教科文组织文献汇编:《欧洲及北美地区各国科技政策的现状与展望》(上),中国科学院计划局 1981 年版。

40. 梁宝忠等:《我国引进国际先进农业科技计划取得丰硕成果》,2005 年 10 月 10 日,见 http://jiuban.moa.gov.cn/zwllm/zwdt/200510/t20051010_472288.htm。

41. 林毅夫、沈高明:《我国农业技术变迁的一般经验和政策含义》,《经济社会体制比较》1990 年第 2 期。

42. 林毅夫:《推行比较优势战略》,《中国市场》1999 年第 10 期。

43. 林毅夫:《发展战略、自生能力和经济收敛》,《经济学季刊》2002 年第 2 期。

44. 林毅夫:《后发国家究竟是有优势还是劣势》,《经济前沿》2002 年第 10 期。

45. 林毅夫:《自生能力、经济转型与新古典经济学的反思》,《经济研究》2002 年第 12 期。

46. 林毅夫:《后发优势与后发劣势》,《新闻周刊》2002 年第 18 期。

47. 林毅夫、李永军:《比较优势、竞争优势与发展中国家的经济发展》,《管理世界》2003 年第 7 期。

48. 林毅夫:《技术选择、技术扩散与经济收敛》,《财经问题研究》2004 年第 6 期。

49. 林毅夫:《比较优势与中国的赶超战略》,《经理人内参》2005 年第 17 期。

50. 林毅夫:《技术选择、制度与经济发展》,《经济学季刊》2006 年第 4 期。

51. 刘洪涛、汪应洛:《中国创新模式及其演进的实证研究》,《科学学与科学技术管理》1999 年第 6 期。

52. 刘苏燕:《技术创新模式及其选择》,《华中师范大学学报》(人文社会科学版) 2000 年第 1 期。

53. 刘羽等:《积极营造有利于原始创新的研究环境——记 2003 年度国家自然科学奖一等奖》,《中国科学基金》2004 年第 4 期。

54. 刘云、董建龙:《英国科学与技术》, 中国科学技术大学出版社 2002 年版。

55. 刘炳灿:《国家重点实验室建设的回顾和展望》,《中国高校与产业化》2005 年第 11 期。

56. 龙飞:《"948"计划历经 8 年, 神州农业硕果累累系列报道之二:参与全球水稻分子育种计划全面提升我国稻米品质》, 2003 年 9 月 1 日, 见 http://jiuban.moa.gov.cn/zwllm/zwdt/200309/t20030901_114578.htm。

57. 龙飞:《"948"计划历经 8 年, 神州农业硕果累累系列报道之八:种草养畜奔小康》, 2003 年 10 月 22 日, 见 whttp://jiuban.moa.gov.cn/zwllm/zwdt/200310/t20031022_127746.htm。

58. 龙飞:《"948":中国农业科技发展的战略抉择期》, 2004

年 9 月 17 日，见 http://jiuban.moa.gov.cn/zwllm/zwdt/200409/t20040915_2443 64.htm。

59. 卢现祥：《西方新制度经济学》(修订版)，中国发展出版社 2003 年版。

60. 卢小生：《中国科技发展研究报告》，经济管理出版社 1999 年版。

61. 毛兵：《美国企业在国家科技创新体系中的地位分析》，《企业活力》2005 年第 10 期。

62. ［美］迈克尔·波特：《竞争优势》，华夏出版社 2004 年版。

63. ［美］迈克尔·波特：《竞争战略》，华夏出版社 2004 年版。

64. 孟浩等：《创新集成对区域经济发展的影响及其对策研究》，《科学学与科学技术管理》2002 年第 3 期。

65. 孟曙光：《德国科学技术概况》，科学技术文献出版社 2005 年版。

66. 慕玲、路风：《集成创新的要素》，《中国软科学》2003 年第 11 期。

67. 牛盾：《1978—2003 年国家奖励农业科技成果汇编》，中国农业出版社 2004 年版。

68. 农业部 "948" 项目办公室：《国内外农业技术发展综述报告汇编（2004 年度）》。

69. 潘士远、林毅夫：《发展战略、知识吸收能力与经济收敛》，《数量经济技术经济研究》2006 年第 2 期。

70.《中国农业企业投资价值排行榜》，《农经》2017 年第 1 期。

71. 平新乔：《微观经济学十八讲》，北京大学出版社 2001 年版。

72. ［美］斯蒂芬·P. 罗宾斯：《管理学》（第四版），中国人民大学出版社 1996 年版。

73.《商机提示：发展动物农业是未来趋势》,《江苏农业科技报》2004 年 5 月 22 日。

74. 师晓京、曹茸：《"948"引进新品种新技术 缩小与先进国家差距》,《农民日报》2005 年 12 月 28 日。

75. 石定寰：《国家创新系统：现状与未来》, 经济管理出版社 1999 年版。

76.《尚勇谈科技自主创新的三含义》,《中国高等教育》2005 年第 8 期。

77.《世界经济年鉴》, 中国社会科学出版社 1981 年版。

78.《四两拨千斤——引进国际先进农业科技综述》,《人民日报》2003 年 9 月 8 日。

79. 孙海涛：《科技人才原始创新能力培养对策的探讨》,《辽宁教育研究》2005 年第 7 期。

80. 涂田华等：《农产品重金属超标的原因及控制对策初探》,《江西农业科技》2003 年第 9 期。

81. 王国明：《严格管理双汇再称"王"，忽视管理春都"肠"梗阻》,《中国工商报》2000 年 4 月 7 日。

82. 王国明：《双汇：亚洲最大的肉食品生产基地》,《人民日报》2001 年 2 月 2 日。

83. 王宏杰：《加速科技体制改革，促进高校科技成果转化》,《农业科技管理》2003 年第 5 期。

84. 王宏杰等：《提高科技成果转化率 推动农业高校可持续发展》,

《农业科技管理》2005 年第 2 期。

85. 王宏杰：《建设良好科研氛围，推动高校科技创新》,《农业科技管理》2005 年第 3 期。

86. 王宏杰等：《中国农业科技导向分析》,《科技管理研究》2005 年第 12 期。

87. 王宏杰等：《高等农林院校科技人员入农户的制约因素分析》,《科技管理研究》2006 年第 1 期。

88. 王宏杰：《加强知识产权管理》,《安徽农业科学》2006 年第 1 期。

89. 王宏杰：《农民学习采用新技术的影响因素分析》,《农业科技管理》2006 年第 1 期。

90. 王宏杰：《农业科技导向与农业可持续发展问题研究》,《农业科技管理》2006 年第 3 期。

91. 王宏杰：《我国农业企业自主创新现状分析》,《现代农业科技》2007 年第 1 期。

92. 王宏杰：《科技评价中不良行为的经济学分析》,《农业科技管理》2007 年第 2 期。

93. 王宏杰：《双汇集团科技创新管理成功经验》,《中国科技论坛》2007 年第 3 期。

94. 王宏杰：《转变农业科技导向　刺激农业科技人才需求》,《农业科技管理》2007 年第 10 期。

95. 王宏杰：《武汉农户采纳农业新技术意愿分析》,《科技管理研究》2010 年第 12 期。

96. 王宏杰：《农户禀赋对家庭收入影响的实证分析》,《经济论坛》2011 年第 2 期。

97. 王宏杰:《美日欧农业科技自主创新政策的演变历程及启示》,《安徽农业科学》2018 年第 19 期。

98. 王建国等:《绿色食品发展科技支撑体系》,《农业系统科学与综合研究》2003 年第 4 期。

99. 王辉:《美国科技政策综述》,《全球科技经济瞭望》2003 年第 4 期。

100. 王凯杰等:《双汇集团博士后工作站挂牌》,《漯河内陆特区报》2001 年 4 月 9 日。

101. 王亮:《科技原创力评价指标体系研究》,《中国科技论坛》2005 年第 2 期。

102. 韦宏:《浅议绿色壁垒和我国农产品出口对策》,《乡镇经济》2006 年第 6 期。

103. 吴海江:《诺贝尔奖:原始性与科学积累》,《科学学与科学技术管理》2002 年第 11 期。

104.《五大现象危及我国经济社会健康》,《经济参考报》2005 年 2 月 1 日。

105. 夏珺:《西陵峡畔橘农乐——从秭归看我国柑橘产业的发展》,《人民日报》2003 年 9 月 22 日。

106. [美]小威廉·贝拉尼克、古斯塔夫·拉尼斯编:《科学技术与经济发展——几国的历史与比较研究》,胡定等译,科学技术文献出版社 1988 年版。

107. 解宗方:《政府　市场　科技》,《农业科技管理》1994 年第 11 期。

108. 熊焕业等:《开放　拓展"双汇"宏图》,《漯河内陆特区报》

2001 年 8 月 30 日。

109. 徐冠华：《加强集成创新能力建设》，《中国软科学》2002 年第
12 期。

110. 徐世刚：《日本科技体制改革及对我国的启示》，《黑龙江社会
科学》2005 年第 2 期。

111. 徐更生：《美国农业政策》，中国人民大学出版社 1991 年版。

112. 徐颖、郑宇：《筑牢军事人才创新的精神基石》，《学理论》
2013 年第 21 期。

113. 杨炳旭等：《双汇集团新春天大喜》，《漯河内陆特区报》2001
年 3 月 6 日。

114. 杨德林、陈春宝：《模仿创新自主创新与高技术企业成长》，
《中国软科学》1999 年第 8 期。

115. 杨林村、杨擎：《集成创新的知识产权管理》，《中国软科学》
2002 年第 12 期。

116. 杨玲：《略论我国的科技自主创新机制》，《社会科学家》2005
年第 11 期。

117. 杨宁：《基于原始创新的一流大学》，《吉林教育科学·高教研
究》2001 年第 5 期。

118. 杨忠泰：《企业技术创新模式的选择》，《理论导刊》1999 年第
9 期。

119. 易激扬、王在安：《解剖双汇》，《改革与理论》2001 年第 1 期。

120. 应永飞：《滥用兽药是自毁养殖"长城"——畜禽产品的兽药
残留问题及其解决对策》，《中国动物保健》2008 年第 3 期。

121.《有组织有计划地开展人民科学工作》，《人民日报》1950 年 8

月 27 日。

122. 于绥贞：《关于基础研究原始创新的思考》,《科技进步与对策》2003 年第 7 期。

123. 约瑟夫·熊彼特：《经济发展理仑》, 商务印书馆 1991 年版。

124. 曾晓萱：《美国科技政策变迁》,《科学学研究》1995 年第 2 期。

125. 张宝文：《新阶段中国农业科技发展战略研究》, 中国农业出版社 2004 年版。

126. 张保明：《从美国科技中心计划看集成创新》,《中国软科学》2002 年第 12 期。

127. 张富良、洪向华：《建设社会主义新农村学习读本》, 中共党史出版社 2006 年版。

128. 张改清、张建杰：《我国农户科技需求不足的深层次透析》,《山西农业大学学报》(社会科学版) 2002 年第 4 期。

129. 张利华：《日本战后科技体制与科技政策研究》, 中国科技出版社 1992 年版。

130. 张文和：《技术发展战略模式与我国的抉择》,《科学技术与辩证法》1991 年第 3 期。

131. 张彦宁：《依靠科学管理推进创新型企业建设》,《企业管理》2006 年第 5 期。

132. 张宗庆：《技术创新与企业的可持续发展》,《财经科学》1999 年第 6 期。

133. 张森福：《中国农业技术变迁：理论与政策》,《农业经济问题》1990 年第 7 期。

134. 张周来：《我国九成农产品出口企业身陷壁垒重围》,《中国国门时报》2005 年 9 月 20 日。

135. 张宏斌：《日韩两国技术引进消化吸收经验及启示》,《浙江经济》2006 年第 3 期。

136. 赵晓庆、许庆瑞：《企业技术能力演化的轨迹》,《科研管理》2002 年第 1 期。

137. 赵媛媛、周春林：《高校人事制度改革动真格　教师回归讲台刻不容缓——人大、北大多名教师被解聘》,《北京青年报》2003 年 12 月 30 日。

138. 郑雨：《战后美国科技政策评析》,《世界经济与政治论坛》2006 年第 5 期。

139.《中共中央、国务院关于加速科学技术进步的决定》,1995 年 5 月 6 日。

140. 中国社会科学院国有企业调研组：《真正实现两个转变，国企改革必能成功》,《企业家报》1996 年 11 月 2 日。

141. 中华人民共和国科学技术部：《中国科技统计数据》2012—2015，见 www.sts.org.cn。

142. 中国社会科学院研究生院、中国科学院研究生院：《知识经济与国家创新体系》,经济管理出版社 1998 年版。

143. 周洪兵：《日本：科学技术创新立国》,《华东科技》2005 年第 11 期。

144. 周亚庆等：《我国企业技术创新体系建设的最佳实践——海尔集团国际化的技术创新体系》,《科研管理》2004 年第 5 期。

145. 朱斌等：《美国科学与技术》,专利文献出版社 1999 年版。

146. 邹承鲁等：《自然、人文、社科三大领域聚焦原始创新》,《中国软科学》2002 年第 8 期。

147.Art Budros, "Organization Types and Organizational Innovation: Downsizing among Industrial, Financial, and Utility Firms", *Sociological Forum*, Vol.15, No.2, 2000.

148.R.J. Barro and X. Sala-i-Martin, "Technological Diffusion, Convergence, and Growth", *Journal of Economic Growth*, Vol.2, No.1, 1997.

149.Basu, Susanto and David N. Weil, "Appropriate Technology and Growth", *Quarterly Journal of Economics*, No.4, 1998.

150.Caselli, F. and W. J. Coleman II, "The World Technology Frontier", *NBER Working Paper*, No.7904, 2000.

151.Daron Acemoglu and Fabrizio Zilibotti, "Productivity Differences", *NBER Working Paper*, No.6879, 1999.

152.Daron Acemoglu, Philippe Aghion and Fabrizio Zilibotti, "Distance to Frontier,Selection and Economic Growth", *MIT Working Paper*, No.9066, 2002.

153.David B.Audritsch et al., "The Economics of Science and Technology", *Journal of Technology Transfer*, No.2, 2002.

154.Fidel Perez-Sebastian, "Public Support to Innovation and Imitation in a Non-Scale Growth Model", *Journal of Economic Dynamics & Control*, No.12, 2007.

155.Franz Todtling, Alexander Kaufmann, "SMEs in Regional Innovation Systems and the Role of Innovation Support-The Case of Upper Austria", *Journal of Technology Tranfer*, No.1, 2002.

156.High-Level Expert Group, *Frontier Research: The European Challenge*, Luxembourg:Office for Official Publications of the European Communities, 2005.

157.J. Alberto Aragón-Correa, Víctor J. García-Morales, Eulogio Cordón-Pozo, "Leadership and Organizational Learning's Role on Innovation and Performance: Lessons from Spain", *Industrial Marketing Management*, No.3, 2007.

158.Kaz Miyagiwa, Yuka Ohno, "Dumping as a Signal of Innovation", *Journal of International Economics*, No.1, 2007.

159.M. V. Posner, "International Trade and Technical Change", *Oxford Economic Papers*, New Series, No.3, 1961.

160.Manfred M. Fischer, "Innovation, Knowledge Creation and Systems of Innovation", *Ann RegSci*, No.2, 2001.

161.Martin Hoegl, K. Praveen Parboteeah, "Creativity in Innovative Projects: How Teamwork Matters", *J. Eng. Technol. Manage.*, Vol.24, No.1-2, 2007.

162.Mitsuru Kodama, "Innovation and Knowledge Creation through Leadership-Based Strategic Community: Case Study on High-Tech Company in Japan", *Technovation*, No.3, 2007.

163.National Science Foundation, "Science & Engineering Indicators 2018", www.nsf.gov.

164.Nuria González-Álvarez, Mariano Nieto-Antolín, "Appropriability of Innovation Results: An Empirical Study in Spanish Manufacturing Firms", *Technovation*, No.5, 2007.

165.Rahel Falk, "Measuring the Effects of Public Support Schemes on Firms' Innovation Activities Survey Evidence from Austria", *Research Policy*, No.5, 2007.

166.Sam Ock Park, "Regional Innvotion Strategies in the Knowledge-Based Economy", *Geojournal*, Vol.53, 2001.

167. "Science and Technology Basic Plan", March 28, 2006, Government of Japan.

168.Tibor Kremic, "Technology Transfer:A Contextual Approach", *Journal of Technology Transfer*, No.2, 2003.

169.William E. Baker, "Market Orientation, Learning Orientation and Product Innovation : Delving into the Organization's Black Box", *Journal of Market-Focused Management*, No.1, 2002.

170.www.nobelprize.org.

171.www.sciencemag.org.

后　记

多年来，我一直致力于农业科技创新管理领域的研究，发表了多篇相关的学术论文，出版一部研究中国农业科技创新管理体制的专著是我多年的愿望。在国家自然科学基金重点项目（71333006）和中央高校基本科研业务费专项基金的资助下，我最终顺利地完成了《中国农业科技自主创新管理体制研究》的研究工作。

在著作的撰写和修改过程中，众多师长和朋友提供了热情地指导和帮助，在此对他们表示诚挚地感谢！感谢恩师张俊飚教授。导师严谨认真、勤奋踏实的治学精神，平易近人、诲人不倦的为师风格以及积极向上的人生态度给我留下了深刻的印象，特别是导师在科研方面一直给予我耐心的指导和鼓励，使我受益匪浅。感谢北京林业大学巩前文副教授、湖南农业大学黄文清副教授、中南民族大学李海鹏副教授在著作撰写过程中给予的无私而细致的帮助。感谢华中农业大学罗小锋教授、颜廷武教授一如既往的鼓励和支持。

感谢华中农业大学科学技术发展研究院关桓达副院长及全体管理人员，他们在我收集整理相关数据资料、撰写本书的过程中给予了大力的支持和帮助。

感谢陈兴荣教授，他是一位具有开拓进取精神的好领导，更是一位亦师亦友的好师长，他无微不至地关心身边的每一个人，潜移默化地教给了我们很多做人做事的原则和道理。感谢挚友祝春红女士、展茗女士，感谢张伟涛先生、杨奎先生、雷建华先生、曾开红先生，感谢他们在我人生低谷时鼎力相助，使我有机会完成本书的进一步修改完善工作并得以最终出版。每每想起这些可敬的师长，想起这些可亲的朋友们时，西域男孩（Westlife）演唱的经典歌曲《你鼓舞了我》（You Raise Me Up）便在耳边回旋，他们的友谊犹如歌曲所传达的力量，深深地激励着我，温暖着我。

感谢年过古稀的父母，我在异地工作多年，疏于陪伴照顾，愧疚之情与日俱增。他们却毫无怨言，始终保持着高度的经济独立和精神独立，并为我提供了一个温暖的家、一个精神的港湾。

感谢国家自然科学基金和中央高校基本科研业务费专项基金给予本研究的资助，感谢华中农业大学经济管理学院为本书的出版提供的资助！

在成书出版的过程中，人民出版社的编辑付出了智慧与辛劳。在此，表示衷心的感谢！

我以极为认真的态度开展研究工作，力求尽善尽美，希望读者朋友能从本书获益。但由于我的水平和能力有限，难免有错漏和不妥之处，诚请读者朋友提出批评意见和改进建议。

王宏杰

2018 年 11 月 16 日

责任编辑:吴焰东

封面设计:胡欣欣

图书在版编目(CIP)数据

中国农业科技自主创新管理体制研究/王宏杰,张俊飚 著. —北京:
　人民出版社,2018.12
　ISBN 978－7－01－019894－1

Ⅰ.①中…　Ⅱ.①王…②张…　Ⅲ.①农业技术-技术革新-管理体制-研究-
　中国　Ⅳ.①F323.3

中国版本图书馆 CIP 数据核字(2018)第 229606 号

中国农业科技自主创新管理体制研究

ZHONGGUO NONGYE KEJI ZIZHU CHUANGXIN GUANLI TIZHI YANJIU

王宏杰　张俊飚　著

人民出版社 出版发行

(100706　北京市东城区隆福寺街 99 号)

北京中科印刷有限公司印刷　新华书店经销

2018 年 12 月第 1 版　2018 年 12 月北京第 1 次印刷
开本:710 毫米×1000 毫米 1/16　印张:17
字数:200 千字

ISBN 978－7－01－019894－1　定价:68.00 元

邮购地址 100706　北京市东城区隆福寺街 99 号
人民东方图书销售中心　电话 (010)65250042　65289539